시골집,
이 좋은 걸 이제 알았다니

시골집,
이 좋은 걸 이제 알았다니

구픽

프롤로그-도피 혹은 도태일지라도 007

Part 1. 어쩌자고 시골집을 사서는

내가 바라는 집	014
우리, 시골에서 살자	022
발품은 필수, 타협은 선택	029
끝나지 않는 것들	037
남편 회사는 어쩌고요?	044
아이 교육은 어쩌고요?	052

Part 2. 사람, 그리고 사람

부족하지만 모자람 없이	062
대문은 옵션	069
지금이 좋다	076
알고 보면 좋은 사람	084
객식구와 개 식구	091
우리가 돈이 없지 낭만이 없냐	099
막내의 기분	105

Part 3. 푸르고 말랑한 생활

예상치 못한 기쁨	114
시골집 짝꿍	121
꽃을 나누는 마음	128
작고 네모난 우주	135
콩을 심는 방법	141
잡초와의 전쟁	146
소꿉 농사	154

부록. 집수리의 7대 지옥

- 선택 지옥	162
- 철거 지옥	165
- 설비 지옥	169
- 조적과 미장 지옥	173
- 전기 지옥	177
- 목공 지옥(feat. 설치 지옥)	179
- 칠 지옥	181
- 또 다른 지옥	184

Prologue
도피 혹은 도태일지라도

 현관문을 열면 자연이 밀려온다. 인기척에 달아난 새들이 멀어지는 소리, 볼록하게 솟은 산과 눈높이에 있는 하늘, 계절이 묻어 있는 바람, 쌉쌀한 풀 내음과 젖은 나무뿌리에서 나는 은은한 단내.
 아침에 하는 일은 언제나 같다. 마당을 둘러보고 텃밭을 살피는 일이다. 별것 아닌 이 순간이 하루의 시작을 완전히 바꿔 놓았다. 도시에 살았을 때 아침은 피곤하고 분주한 시간이었다. 이불이 천근만근이라도 되는 듯 일어나기 힘들었다. 지금은 계속 누워 있을 수가 없다. 밤새 새로 핀 꽃은 없는지, 열매는 또 얼마나 달렸는지 너무 궁금하기 때문이다.
 아이가 학교에 가고 나면 운동화를 신고 집을 나선다. 폭신한 흙길을 걷다가 구부러진 논두렁을 걷는다.

산책은 시골에 온 뒤로 빼먹지 않는 일과 중 하나다. 지나치게 춥거나 더운 날, 비바람이 거센 날을 제외하고는 잠시라도 나가서 걷다 온다.

몇 가지 집안일을 처리하고 이른 점심 식사를 마친 뒤에야 책상 앞에 앉는다. 원고와 씨름하는 시간은 그리 길지 않다. 키보드를 두드리는 중에도 마음은 자꾸만 밖을 향해서, 적당한 문장이 떠오르지 않는다는 핑계로 일어서고 만다. 토마토 곁순을 떼어내거나 여린 호박잎을 따 모으는 일, 시들해진 이파리를 들춰보거나 잡초를 뽑는 일을 하는 동안 오후가 간다.

해가 지고 나면 텅 빈 마당에 어둠이 고인다. 바깥은 고요한데 주방은 저녁 준비로 소란해진다. 직접 키운 채소가 반찬이 되어 식탁에 오르고, 전날과 크게 다르지 않은 이야기들이 오간다. 가끔은 마당 화로에 둘러앉아 불을 쬐기도 한다. 차와 코코아를 마시고, 고개가 아플 만큼 별을 올려다본다. 그런 날에는 아이의 머리카락에서 나뭇재 냄새가 난다. 그 냄새를 맡으며 잠드는 밤을 좋아한다.

나는 내가 욕심이 별로 없는 사람인 줄 알았다. 갓

고 싶은 물건이 있어도 가질 수 있는 돈이 없으면 금방 잊었고, 하고 싶은 일이 있어도 할 수 있는 상황이 아니면 쉽게 단념했다. 그런데 마흔이 넘어 꼭 갖고 싶은 물건이 생겼다. 동시에 간절히 하고 싶은 일도 생겼다. 시골집과 시골살이가 그것이었다.

그제야 알았다. 나는 욕심이 없는 게 아니라 돈을 모으고 상황을 바꾸기 위해 애쓸 만큼 욕심 나는 것이 없을 뿐이었다. 강렬하게 원하는 것이 생기자 머리와 다리가 절로 움직였다. 매일 계산기를 두드리며 매물을 검색하고, 방문 리스트를 작성했다. 부동산 연락과 임장까지 맹렬한 기세로 해나갔다.

의지를 불태우다가도 문득 자문하곤 했다. 실은 경쟁에서 뒤처질까 봐 미리 포기하려는 게 아닐까. 모두가 말하는 정답에서 멀어지는 것이 두려워 애초에 이런 삶을 원하지 않았다고 합리화하는 것은 아닌가. 내 선택은 현실로부터의 도피 혹은 도태의 시작인지도 몰랐다. 한강이 내려다보이는 펜트하우스에 살았더라도 시골살이를 꿈꿨을지, 파인 다이닝을 백반집처럼 드나들고 백화점을 다이소 가듯 했어도 도시를 벗어나려 했을지 확신할 수 없었다. 한 가지 분명한 사실은 시골집과 마당, 텃밭이 나를 한없이 설레게 했다는 것이다. 도피여도 괜찮고, 도태라 해도 상관없었다. 내 가슴이 뛰는 삶은 아무래도 거기에 있었다. 그 마음을 믿고 시골에 왔다.

 반년 만에 구한 시골집은 어디서부터 어떻게 손을 봐야 할지 막막할 만큼 낡은 상태였다. 지나가는 사람마다 고개를 저었다. 그냥 헐고 새로 짓는 편이 나을 거라고들 했지만, 우리 부부는 직접 천장을 뜯고 벽돌을 쌓아가며 집을 고쳤다. 애초에 비뚤게 지은 집을 수리하기는 쉽지 않았다. 포기할 것은 포기하고 타협할 것은 타협할 수밖에 없었다. 그러는 동안 많은 땀과 눈물을 흘렸다. 그리고 그보다 더 많은 애정을 쏟게 되었다.
 시골에 산다고 해서 삶이 단번에 편안해지거나 아름다워지지는 않았다. 먹고사는 문제는 언제나 눈앞에 있었고, 과거를 헤집는 버릇은 나를 오래 괴롭혔다. 어제보다 나아진 게 없는 오늘을 놓지 못하고 후회와 자책으로 뒤척이는 밤이 많았다.
 이곳에 와서 한 일은 대단하지 않다. 때가 되면 일

어나고, 밥을 해 먹고, 잠을 잤다. 씨를 뿌려야 할 때는 씨를 뿌렸고, 수확할 때가 되면 수확했다. 그런 날들이 모여 내 마음도 조금씩 단단해지는 기분이 들었다. 먼 훗날을 위해 사는 것보다 당장 주어진 오늘을 잘 채우는 일이 나에게는 중요했던 것 같다.

이 집에서 네 번째 봄을 맞았다. 시골 생활이 어떠냐는 질문을 자주 받는다. 그때마다 "저는 좋아요."라고 답한다. '좋아요'보다 '저는'에 방점을 찍고 싶다. 나의 평화를 권태로 느끼는 사람이 있을 것이고, 내가 즐거이 하는 일도 누군가에게는 고된 노동일지 모른다. 그래서 주위에 시골살이를 함부로 권하거나 추천하지 않는다.

나 역시 아무에게도 묻지 않았다. 선택은 온전히 나의 몫이었다. 그에 따른 후회마저 감수하겠다는 각오를 했다. 나의 마음도 장담할 수 없어서 또 어느 날 훌쩍 시골을 떠날지 알 수 없지만, 지금은 이곳을 많이 좋아한다. 좋아하는 만큼 누리고 있다. 내가 감당할 수 있는, 딱 그만큼의 행복이다.

시골집을 구하고 고치느라 좌충우돌한 기억, 시골

의 자연과 사람에 적응해 가며 겪은 이야기를 담아 책을 내게 되었다. 경험과 재주가 한참 부족하지만, 나와 비슷한 꿈을 꾸는 사람에게 약간의 도움이라도 되지 않을까 하는 마음으로 글을 썼다. 내가 키운 채소들처럼 어설프고 부실해서 함부로 나누기 부끄러운 글이다. 그래도 어느 한 구절이나마 함께 음미할 수 있다면 좋겠다.

- 2025년 5월에, 서주희

PART 1

어쩌자고 시골집을 사서는

내가 바라는 집

 작은 상가의 꼭대기 층에서 신혼살림을 시작했다. 오르막길 끝에 위치한 그 건물은 낡았다는 말만으로 표현하기 어려울 만큼 오래된 것이었다. 지하에는 가방을 만드는 봉제공장이, 1층에는 간판점이 있었다. 2층으로 통하는 쇠창살 문을 열고 들어가 계단을 쉰 개쯤 오르면 우리 집이 나왔다. 주변은 온통 술집이었다. 통로에는 가죽 냄새가 진동했고, 밤마다 담배 연기와 소음이 올라왔다. 우리 부부가 가진 돈으로 구할 수 있는 집은 그런 곳뿐이었으므로 불평은 하지 않기로 했다.
 실제로 나쁘기만 한 것은 아니었다. 남편과 나는 매일 퇴근하는 길에 만나 주택가 시장에서 장을 봤다. 손으로 만든 비뚜름한 두부와 도토리묵, 뜨거운 돌판에 바로 구워 파는 김을 자주 구입했다. 금방 지진 호떡이나 닭튀김 한 봉지를 사서 들어가기도 했다. 그날그날 있었던 일을 이야기하며 함께 요리하고 저녁을 먹는 시간은 고단한 하루의 유일한 낙이었다.

거실 천장에서 물이 새기 시작한 것은 유난히 길었던 장마가 끝나고 더위가 한창일 무렵이었다. 처음에는 그리 심각하게 생각하지 않았다. 잘못된 부분을 찾아내서 고치기만 하면 될 일이었다. 문제는 우리의 집주인이 자린고비도 울고 갈 구두쇠였다는 점이다.

주인아저씨는 본인이 아는 수리 기사와 직접 방문하겠다며 기다릴 것을 요구했다. 모르는 사람한테 맡기면 수리비를 얼마나 부를지 알 수 없다는 이유였다. 하지만 주인아저씨의 지인이라는 기사님은 무척 바빴고, 물이 새는 곳은 점점 늘어갔다. 비라도 오는 날이면 여기저기에서 물줄기가 쏟아졌다. 세숫대야와 바가지로도 모자라 그릇까지 동원해 빗물을 받아야 했다.

그때 나는 임신 중이었고, 회사에서 갑자기 출판 사업을 접어 버린 탓에 실업자가 된 상황이었다. 육아휴직을 내고 아기를 돌보다가 복직하려던 계획은 물

거품이 되어 버렸다. 출산을 앞둔 터라 취업 시장에 나설 수도 없었다. 기껏 받은 교정 일거리마저 극심한 입덧으로 포기하고 온종일 누워 있었다. 반복되는 구토도 괴로웠지만, 호르몬 때문인지 위장보다 감정이 더 요동쳤다. 가뜩이나 심란한데 집까지 말썽이라니. 물이 떨어지는 거실을 보고 있으면 괜히 서러워졌다. 남편은 주인아저씨에게 몇 번 더 연락했다. 더 이상 기다릴 수 없다는 것이 우리의 입장이었고, 왜 이렇게 사람을 닦달하냐는 것이 그분의 반응이었다. 두 사람 사이에 큰 소리가 오갔다. 직접 공사를 맡긴 뒤에 비용을 청구하겠다고 통보한 다음 날에야 초인종이 울렸다. 주인아저씨였다. 바닥에 널린 그릇들과 그 위로 떨어지는 물방울, 배가 불룩한 채 서 있는 나를 번갈아 보며 민망해하던 그분의 표정을 잊을 수가 없다.

계절이 바뀌고 출산이 다가올수록 걱정이 늘었다. 냄새와 소음, 담배 연기, 낭떠러지 같은 계단보다 더 무서운 것은 돈이었다. 아기를 낳자마자 일을 하려면 육아를 도와줄 사람이 필요했다. 결국 친정 근처에 집을 구하기로 했다. 이미 진입한 불효녀 루트에서 가속 페달까지 밟은 셈이다.

  대출을 풀로 받아서 산 아파트는 열 평이 조금 넘었다. 연식이 30년인데 재건축도 요원한 곳이라고 했다. 귀한 청약 기회를 날리고 덜컥 매매라니, 부동산을 좀 안다는 사람들은 경악을 금치 못했다. 그러거나 말거나 나는 내 집에서 마음 편하게 살고 싶었다. 대학 입학과 동시에 자취를 시작해 15년간 각양각색의 셋집을 전전한 남편도 나와 같은 마음이었다.

  확실히 마음은 편했지만, 13평 아파트에서 아기를 키우다 보니 이번에는 몸이 불편했다. 그럴 때면 직업 군인인 아빠를 따라 산속 관사와 반지하, 연립주택을 옮겨 다니며 좁은 방에서 네 식구가 나란히 누워 자던 어린 시절을 떠올렸다. 방 안에 차오르는 빗물에 놀라 대피한 적도, 재래식 화장실 하나를 세 가구가 함께 쓴 적도 있었다.

  그런 집에서도 살았는데, 하는 식의 주문은 꽤 유용했으나 늘 통하는 것은 아니었다. 몸이 아프거나 마음이 울적하기라도 하면 사소한 일에 짜증이 났다. 아침저녁으로 바닥에 이불을 펴고 개는 일, 끼니때마다 상을 펴고 접는 일이 싫었다. 침대까지는 바라지 않으니 식탁 하나만 놓을 수 있으면 좋겠다고 생각했다. 그게 나의 바람이었다. 국평이나 신축 같은 거 말고 그저 식탁이 있는 집.

우리 가족은 주로 싱크대와 화장실, 현관 사이에 앉아 밥을 먹었다. 냉장고 문을 열어야 할 때는 그 앞에 앉은 사람이 옆으로 비켜나야 할 만큼 좁은 공간이었다. 지금 생각하면 별것 아닌 장면들이 당시에는 왜 그렇게 큰 비참함으로 다가왔는지 모르겠으나, 아무튼 그런 기분을 느끼는 날도 있었다.

집은 애증의 대상이 되어 갔다. 틈만 나면 온라인 집들이로 남의 집을 구경했다. 부러움으로 시작한 감정은 종종 삐딱하게 방향을 틀었다. '나도 돈만 있으면 저렇게 해놓고 살 수 있는데.' 기어이 못난 생각을 하는 내가 돈이 없는 나보다 더 미웠다.

이사를 하기 위해 닥치는 대로 일거리를 받았다. 남편은 주 6일 근무를 했다. 연차는 없었고, 여름휴가는 이틀뿐이었다. 그렇게 산다고 돈이 모이는 것은 아니었지만, 남편이나 나나 열심히 일하는 것 말고는 다른 방법을 알지 못했다. 그래도 우리는 운이 좋았다. 3

년 반 만에 급급매로 나온 매물을 구했다. 20년 된 구축에 선호도가 낮은 1층이라는 점, 한 번도 수리한 적이 없다는 점 때문에 더 저렴하게 살 수 있었다. 어쩌면 남들이 꺼리는 조건이라 나한테까지 기회가 왔는지도 모르겠다. 순탄한 과정은 아니었다. 하필 연말이라 대출도 쉽지 않았다. 깔딱고개를 넘듯 겨우겨우 중도금과 잔금을 치렀다.

힘겹게 마련한 그 집은 이전에 살던 곳과 여러모로 달랐다. 현관에는 키 큰 신발장이 있었고, 주방에는 냉장고를 놓을 자리가 있었다. 그 사실만으로도 설레었다. 최소한의 리모델링을 진행하고 직접 입주 청소를 했다. 거실 한쪽에 식탁을 들이며 그간의 한도 풀었다. 고급 가구나 최신 가전 같은 것은 없었지만, 나에게는 더없이 소중한 집이었다.

물론 좋기만 한 것은 아니었다. 평수가 늘어난 만큼 대출금이 늘었고, 갚아야 하는 돈의 액수가 커진 만큼 벌어야 하는 돈의 액수도 커졌다. 남편은 직장을 옮겼다. 벌이가 한결 나아진 대신 야근이 잦아졌다. 식탁이 있는 집을 갖게 되었지만, 다 같이 모여 앉아

저녁을 먹는 횟수는 현저히 줄었다.

 밤늦게 퇴근한 남편의 손에는 비닐봉지가 들려 있었다. 안에 든 것은 편의점 도시락이었다. 내가 방에서 아이를 재우는 동안 남편은 컴퓨터 앞에 앉아 홀로 저녁을 먹었다. 남편이 안쓰러운 한편, 나의 일상도 점점 버거워졌다. 하루가 어떻게 지나가는지 모를 만큼 바쁘게 지내면서도 무엇 하나 제대로 해내지 못하는 느낌이었다.

 그즈음 코로나 사태가 터졌다. 갑작스러운 팬데믹은 모두의 일상에 변화를 불러왔다. 회사도, 학교도 문을 닫았다. 사람이 없는 곳, 마스크를 쓰지 않고 돌아다닐 수 있는 곳이 휴가지로 각광 받기 시작했다. 시골에 농막이나 주말 주택을 마련하는 사람도 있었고, 아예 정착하는 사람도 있었다. 그들을 보며 느낀 감정은 부러움을 넘어선 동경이었다.

 나도 도시를 벗어나고 싶었다. 정확히 말하면 삶의 방식을 완전히 바꾸고 싶었다. 부지런히 벌어서 더 크고 깨끗한 아파트를 사야 한다고 믿었던 적도 있다. 그런 집을 소유하려면 그 집에서 생활하는 시간을 줄여야 했다. 적어도 우리 부부는 그랬다. 아이러니한 일이었다. 시골에 간다고 해서 원하는 대로 살 수 있을까? 시간적 여유를 얻기 위해 경제적 여유를 잃어도 괜찮을까? 그렇게 된다면 과연 행복할까? 어떤 물음에도 자신 있게 고개를 끄덕일 수 없었다. 그렇지만 가족이 함께 저녁을 먹을 수 있을 것 같았다. 마당에서 뛰어노는 아이를 보면서 웃을 수 있을 것 같았다. 그게 행복이라고 믿으며 살 수 있을 것도 같았다.

  내가 바라는 집은 으리으리한 주택이 아니라 조그만 구옥이었다. 근사한 집도 좋지만, 그보다는 정다운 집이 좋았다. 빛바랜 가구가 어색해 보이지 않는 아담한 공간에 손때 묻은 물건들이 너무 많지도, 너무 적지도 않게 자리 잡은 집. 나날이 크는 아이의 키를 재느라 그어둔 연필 자국이나 반쯤 벗겨진 스티커마저 거슬리지 않는 집. 반짝반짝 빛나지는 않아도 생활의 흔적들이 고운 주름처럼 켜켜이 쌓여 가는, 그런 집.

  현관 앞에는 말끔하게 손질된 잔디 대신 야생화와 잡초가 어우러진 마당이 있기를 바랐다. 꽃밭은 몰라도 텃밭은 꼭 있어야 했다. 세 식구가 먹을 만큼의 감자를 심고, 필요할 때마다 풋고추를 따거나 상추를 뜯어 먹을 수 있을 만큼의 크기면 되었다. 처마를 장식하는 작물은 계절마다 달라질 것이었다. 여름이 올 때쯤엔 마늘을, 여름이 다 가기 전에는 옥수수를 말리고, 가을이 한창일 무렵에는 잘 익은 감을 깎아서 매달아 둘 터였다. 김장철이 되면 삶은 시래기를 널어야겠지. 매일 머릿속으로 그런 풍경을 그렸다.

눈치 빠른 알고리즘은 어디에 접속하든 나를 한곳으로 이끌었다. 빈집을 찾아다니는 영상, 농가 주택을 개조하는 영상에 빠져 시간을 보냈다. 시골살이 카페를 기웃거리고, 귀촌을 감행한 사람들의 책을 찾아 읽었다. 시골집 앓이의 시작이었다.

우리, 시골에서 살자

꿈은 땅속 깊이 심어 둔 씨앗 같았다. 잊고 있었는데 어느 날 불쑥 흙 위로 고개를 내밀고는 하루가 다르게 자라나 더 이상 외면할 수 없을 만큼 커져 버렸다. 방학마다 시골 할머니 댁에 가는 친구들이 부러웠던 유년기부터일까, 여름만 되면 홀린 듯 농활을 떠났던 대학 시절부터일까. 시골을 좋아하는 마음은 꽤 오래된 것이어서 새삼스럽지 않았으나 마흔도 되지 않은 나이에 전원생활을 고민하게 될 줄은 몰랐다. 아이를 독립시키고 우리 부부도 은퇴한 뒤에나 가능한 일이라고 생각했다. 하지만 한번 머릿속을 비집고 들어온 생각은 쉽게 사라지지 않았다.

막연한 동경은 점차 구체적인 목표로 변해 갔다. 최소한의 지출로 이사하는 방법, 생활하기에 알맞은 지역, 시골에서 먹고살 길, 아이에게 적합한 학교 등을 궁리하며 시간을 보냈다.

"아이가 초등학교에 들어가기 전에 시골로 가려고 해요."

주위 사람들에게 내 계획을 알렸다. 이른바 긍정 확언이었다. 관심이 가는 지역의 맘카페를 구경하며 분위기를 살피기도 했다. 모르는 동네를 탐색하기에는 이만한 방법이 없었다. 부동산 정보와 교육 환경, 쓰레기 소각장 설치나 학교 통폐합 같은 이슈까지 파악할 수 있기 때문이다. 친구들은 나를 맘카페계의 홍길동이라 명명했다. 그야말로 동에 번쩍 서에 번쩍 하면서 정착할 만한 지역을 찾았다.

시골에 살고자 하는 사람들이 모여 있는 온라인 카페에서도 많은 도움을 받았다. 먼저 귀농이나 귀촌을 감행한 분들의 생생한 경험과 조언을 들을 수 있는 곳이었다. 카페에는 초보들의 질문과 고수들의 답변이 난무했고, 빛나는 성공담과 뼈아픈 실패담이 공존했다. 선배들이 건네는 이야기의 핵심은 네 글자였다. '심사숙고.'

시골살이가 좋다는 사람도, 힘들다는 사람도 모두 신중할 것을 당부했다. 첫 번째 이유는 일자리였다. 특히 농사를 지어 보겠다는 사람이 나타나면 열에 아홉은 말렸다. 이미 농업으로 자리를 잡은 집안의 자녀가 아니라면 고생만 하다가 나가떨어지기 십상이라는 것이다. '시골 가서 농사나 지을까?'는 '회사 관두고 카페나 차릴까?'에 버금가는 현대인의 반농담이지만, 농사마저 수저계급론을 비껴가지 못한다는 말은 반 이상의 진담이다.

두 번째는 재산상의 이유다. 시골 땅은 생각만큼 싸지 않고, 집을 짓거나 수리하는 비용은 하루가 다르게 치솟고 있으며, 주택은 아파트에 비해 환금성이 크게 떨어진다. 시간이 지날수록 문제가 생겨서 계속 고쳐 가며 살아야 한다는 단점도 있다. 직접 손보지 못하면 매번 사람을 불러야 한다. 선배들은 자신에게 그럴 만한 체력 혹은 재력이 있는지 꼼꼼하게 따져보라고 조언한다.

세 번째 이유는 사람 문제다. 치열한 경쟁과 의미 없는 인간관계에 염증을 느끼면 도시를 떠나고 싶어진다. 하지만 시골에서도 이웃 때문에 괴로워하는 이들이 많다. 덩그러니 떨어진 집에 살지 않는 이상 사람은 피할 수 없다. 게다가 시골은 물리적으로나 심정적으로나 이웃 간의 거리가 가깝다. 사람에 지쳐서 왔는데 도리어 사람에 질릴 수도 있다는 뜻이다.

이 외에도 무수한 단점이 거론되었다. 수많은 사람이 시골살이를 포기하는 이유가 모두 거기에 있었다. 직장을 옮길 수가 없어서, 아이 교육 때문에, 난방비가 무서워서, 배달 음식이나 새벽 배송 없이는 살기 힘드니까…. 전부 괜찮은데 벌레가 걱정이라는 사람도 있었다. 자연을 벗하는 삶은 온갖 벌레와 가까운 삶을 뜻하는 동시에 각종 편의시설과 멀어지는 삶을 의미했다. 따라서 전월세나 5도 2촌으로 어느 정도 경험을 해 본 뒤 시골집을 사라는 것이 중론이었다.

평일에는 도시에서, 주말에는 시골에서 산다는 뜻의 5도 2촌은 삶의 방식을 크게 바꾸지 않은 채 꿈을 실현할 수 있는 매력적인 방법이었다. 다만 우리는 아파트와 시골집을 동시에 유지할 형편이 되지 못했다. 매주 도시와 시골을 오가며 생활할 자신도 없었다. 도시에 살거나 시골에 살거나 둘 중 하나를 택해야 했다. 시골을 선택한다면 도시로 돌아가기 쉽지 않을 것이었다.

그럴수록 오기가 생겼다. 혹시 후회하더라도 한 번은 시도해 봐야 미련이 남지 않을 것 같았다. 시골에서 살고 싶었다. 오로지 그뿐이었다. 하고 싶으니까 한다는, 맹목적인 만큼 강력한 이유였다.

이제 남편을 꾈 차례였다. 배우자의 동의는 시골살이에 있어 가장 중요한 조건 중 하나였다. 남편이나 아내가 절대 도시를 떠날 수 없다고 선언하는 바람에 시골살이를 포기했다는 사연을 몇 번이나 접했다. 주말부부를 불사하는 사람도 있었다. 삼대가 덕을 쌓아야 주말부부를 한다는 우스갯소리도 있지만, 나는 엄두가 나지 않았다.

"지금이 기회야!"

틈만 나면 남편에게 이 말을 반복했다. 은근하고 집요하게, 마치 최면을 걸듯이. 문제는 남편이 철벽남이라도 된 것처럼 꿈쩍도 하지 않았다는 점이다.

도시 변두리에서 나고 자란 데다 시골에 사는 친척이 한 명도 없었던 나와 달리 남편은 방학만 되면 큰집이 있는 깡촌에서 살았다고 한다. 메뚜기를 튀겨 먹고 개구리 뒷다리를 구워 먹은 얘기, 사촌 형들과 참새를 잡거나 으름을 따 먹은 얘기, 핀을 구부려서 파리를 꿴 다음 송사리를 낚은 얘기, 꽁꽁 언 미나리꽝 위에서 썰매를 탄 얘기… 전후세대의 추억 같은 레퍼토리를 듣다 보면 남편이 나와 같은 80년대생이라는 게 믿기지 않았다.

내가 뜬구름 잡는 소리를 할 때마다 남편은 마당을 기어다니는 뱀과 팔다리를 벌집으로 만드는 풀 모기들, 일주일 만에 허리께까지 자라는 잡초 등 시골 괴담을 늘어놓았다. 그래도 굴하지 않았다. 계산기를 두드려 가면서 '집이랑 빚 말고는 가진 게 없는 우리가 시골에서 살 수 있는 방법'을 읊어대곤 했다. 때로는 연설가처럼 부르짖었다. 언제까지 야근과 주말 근무에 치여 살 텐가! 당신이 진정 바라는 삶은 무엇인가! 이제라도 찾아볼 생각은 없는가!

　이성적 접근과 감성적 접근이 모두 통하지 않으면 육아휴직을 신청할 수 있는 기간이 얼마 남지 않았음을 상기시켰다. 아이를 돌보면서 새로운 진로를 모색할 시간이 1년이나 주어진다는 것은 분명 행운이었다. 어쩌면 다시 오지 않을 기회였다. 나는 매진 임박을 외치는 홈쇼핑 쇼호스트에 빙의해 "만 8세가 지나면 불가능해. 얼마 안 남았어."라고 떠들어댔다.

　또 시골 타령이군, 하는 표정으로 넘기곤 했던 남편도 조금씩 반응을 보이기 시작했다. 마침(이라고 표현해도 될지 모르겠으나) 직장 스트레스가 극에 달했을 무렵이었다. 물론 금방 넘어오지는 않았다. 뒤늦게 자리를 잡은 뒤로 힘든 일도 마다하지 않으며 다져놓은 나름의 입지를 한순간에 포기하기는 쉽지 않았을 것이다. 처자식을 먹여 살려야 한다는 책임감을 내려놓는 일은 그보다 더 어려워 보였다. 그러나 남편도 나와 결이 비슷한 사람이었다. 그런 확신이 있었기에 훗날의 원망을 걱정하지 않고 남편을 설득할 수 있었다.

　금이 가기 시작한 철벽을 완전히 허물어뜨린 것은

어머님의 병환이었다. 우리는 암 투병 중이었던 어머님을 자주 찾아뵙지 못했다. 힘들 텐데 오지 마라, 바쁠 텐데 신경 쓰지 마라, 하는 말씀에 기대어 들여다보지 못한 사이 어머님은 조금씩 약해지셨고, 다 제거된 줄 알았던 악성 종양도 금방 재발하고 말았다. 자식들이 걱정할까 봐 숨기신 까닭에 그 사실도 나중에야 알았다. 어머님은 그런 분이었다. 본가가 있는 지방 근처에 집을 구해 이제라도 좀 더 가까이 지내고 싶다는 남편의 바람을 이해할 수 있었다.

그렇게 우리는 시골에서 살기로 했다. 길다면 길고, 짧다면 짧은 고민 끝에. 그저 마음을 먹는 일일 뿐이지만, 시골집을 구하는 지난한 과정의 첫 단계이자 가장 높은 벽을 넘은 셈이었다.

발품은 필수, 타협은 선택

부동산은 타이밍이라고 (주워) 들었다. 쌀 때 사서 비쌀 때 파는 것은 부동산에도 적용되는 법칙일 것이다. 내가 귀촌을 결심했을 즈음, 시골집 가격은 이

전과 비교할 수 없을 만큼 오르는 중이었다. 시골 생활을 원하는 사람이 크게 늘어난 탓이었다. 시골집을 사기에는 참으로 적절하지 않은 시기였지만, 나에게 타이밍이란 '지금이 아니면 안 될 것 같은 때'였다. 아이가 초등학교에 입학하기 전에 이사를 마치고 싶었다. 그러려면 반년 안에 시골집을 구해야 했다. 무척 촉박한 기한이었다.

가장 먼저 한 일은 지역과 예산을 정하는 것이었다. 우리는 1억이 넘지 않는 집을 원했다. 시부모님이 계신 도시에서 가까운 곳을 1순위로 두고 20분 거리, 30분 거리, 한 시간 거리로 조금씩 범위를 넓혀갔다. 축사와 가까운 집, 산밑이나 산속에 있는 집, 물가에 있는 집은 제외하기로 했다.

매일 지역 부동산 홈페이지와 유튜브를 뒤지고, 매주 집을 보러 다녔다. 아파트는 포털사이트 검색창에 이름만 써 넣으면 매물 리스트와 가격, 평면도까지 볼 수 있지만, 시골집은 그런 데에 올라오지 않을뿐더러 구조와 상태가 천차만별이라 발품을 팔아가며 일일이 확인할 수밖에 없었다.

일주일이 멀다 하고 지방을 오가는 일이 쉽지는 않

았다. 매물 정보와 사진, 건축물대장까지 확인한 뒤에 찾아가도 실제로 보면 생각과 다른 경우가 대부분이었다. 구경하는 중에 무너지면 어쩌나 싶을 만큼 허름하거나, 진입로가 너무 좁고 가팔라서 위험하거나, 길을 막아 놓을 정도로 심술궂은 이웃이 있다거나 하는 식이었다. 마음에 든다 싶으면 미등기 건물이었다. 촌에는 그런 집이 많으니 별일 아니라는 사람도 있었고, 세금 때문에 일부러 그런 집을 찾는 사람도 있었지만, 찜찜한 구석이 있는 물건은 피하고 싶었다.

여러모로 욕심 나는 집이 나왔던 적도 있다. 정성 들여 꾸민 아담한 집이었는데, 근처에 초등학교가 없다는 점이 문제였다. 여기서 말하는 '근처'란 걸어갈 수 있는 거리가 아니라 차량 통학이 가능한 거리를 뜻한다. 그 주소지에 배정되는 학교는 멀기도 멀지만, 학생 수가 한 학년에 한두 명밖에 되지 않았다. 아파트 밀집지에서 살 때는 미처 깨닫지 못했던 인구 절벽 위기를 실감하는 순간이었다.

시골집을 구하는 일은 아이가 있는 가족에게 조금 더 까다로웠다. 대다수가 원하는 집에 몇 가지 조건을 추가해야 했다. 차로 15분 이내의 거리에 학교가 있을 것. 한 학년에 적어도 대여섯 명은 되는 학교일 것. 안 그래도 많지 않은 선택지가 더욱 줄어들었다.

 가끔은 염두에 두고 있던 동네를 무작정 걸어 다니면서 빈집을 찾았다. 귀신이 나온다고 해도 놀랍지 않을 만한 폐가 역시 그냥 지나치지 않았다. 창문은 이렇게 바꾸고, 현관은 저렇게 고치고… 머릿속으로 그림을 그려가며 열심히 노려봤다. 그럴듯한 집을 발견하면 가슴이 마구 뛰었다. 하지만 그 많은 빈집 중 막상 판다는 집은 별로 없었다. 팔아봤자 얼마 되지 않아서, 나중에 들어와 살 사람이 있어서, 상속받은 자식들 간에 의견이 갈려서 등등 이유는 다양했.

 한동안 집 찾기를 포기하고 땅을 보기도 했다. 5, 6천만 원짜리 땅을 사서 아주 작은 집을 지으면 그럭저럭 예산을 맞출 수 있지 않을까 싶어서였다. 저렴한 땅이 나올 때마다 지적도를 뒤지고, 지목이니 건폐율이니 하는 것들을 따져봤다. 땅을 보러 다니는 건 거대한 밍크코트에 순금 목걸이를 두른 복부인이나 하는 일인 줄 알았는데, 내가 그러고 있다니 신기할 따름이었다.

 기대와 실망을 반복하는 사이에 아파트에서 나가

야 할 날짜가 다가오고, 아이의 취학통지서가 날아왔다. 남편도 육아휴직을 신청했다. 집을 구하지 못하면 어떻게 해야 하나 날마다 고민했다. 마음이 급해졌지만, 집이든 땅이든 괜찮은 것이 좀처럼 나타나지 않았다.

꿈속에서도 집을 찾아다녔다. 한번은 가위에 눌리기까지 했다. 싸고 좋은 집을 발견해서 나도 모르게 만세를 불렀는데, 갑자기 누군가가 팔을 간지럽히는 듯한 느낌이 들었다. 그 감각은 점차 생경해지더니 곧 소름이 돋을 만큼 생생해졌다. 소리가 나오지 않는 비명을 지르느라 힘겹게 입술을 달싹이며 눈을 뜬 순간, 두려움보다 먼저 찾아온 건 허무감이었다. 꿈이었구나. 하긴, 싸고 좋은 집이란 건 꿈속에나 있는 거겠지. 어이가 없어서 웃음이 나왔다.

그날 SNS에 푸념을 좀 했다. 집을 보러 다니기가 힘들다는 투정이었다. 그때 내가 무척 좋아하는 작가님이 댓글을 남겨 주셨다. 사슴과 토끼가 자주 출몰하는 미국 시골 마을에 사는 분이었다. 작가님도 어린 둘째를 데리고 장거리 운전을 하면서 집을 찾아다니며 실망을 거듭한 기억이 있다고 했다. 그런데 지금 돌아보니 그 과정 자체가 시골집에 사는 특별함의 일부인 것 같다는 것이었다. 그 말이 얼마나 큰 위로가 됐는지 모른다. 이 또한 다시없을 경험이라고 생각하자 몸과 마음의 피로가 한결 줄었다. 그리고 거짓말처럼 마음에 드는 집이 나타났다. 그것도 1순위로 생각했던 동네와 멀지 않은 곳에서.

냉정하게 말하면 멀쩡한 곳이 없는 집이었다. 특히 별채는 기왓장이 깨지고 날아갈 만큼 낡은 상태였다. 마당 한구석에는 아주 작은 외양간이 있었는데, 오랜 시간 사용하지 않은 듯한 재래식 화장실도 보였다. 고쳐야 할 곳이 너무 많았다. 어림잡아도 수리비가 수천만 원은 나올 것 같았다.

집값이 생각만큼 저렴한 것도 아니었다. 큰 도시와 가까운 데다가 나름 면 소재지라는 이유였다. 부동산에서는 장점으로 꼽았지만, 나에게는 그렇게 느껴지지 않았다. 가게가 늘어선 도로와 다닥다닥 붙어 있는 집들이 내가 원했던 풍경과는 조금 달랐기 때문이다. 한마디로 시골 정취가 약간 부족하달까?

그럼에도 계약을 진행했다. 집을 보러 다니다 보면 여기가 내 집이 되겠구나 싶을 때가 있다. 흔히 말하듯 '촉'이 오는 것이다. 이 집이 그랬다. 나란히 붙어 있는 본채와 별채, 네모반듯한 마당과 수돗가의 감나무가 마음에 들었다. 그리 멀지도, 가깝지도 않은 산이 한눈에 보이는 점도 좋았다. 외양간 뒤편에 있는 텃밭은 우리 가족에게 꼭 맞는 크기였다. 이런저런 조건을 따지다가도 그저 느낌 하나로 이상형과 전혀 다른 사람에게 마음을 빼앗기듯이, 한눈에 반해 버리고 말았다.

내부 구조와 외관, 연식, 가격, 주변 환경까지 모든 부분이 만족스러운 집을 만나기란 쉽지 않다. 시골집은 더더욱 그렇다. 한 가지가 마음에 쏙 들면 다른 한 가지가 마음에 걸리는 식이다. 적당한 선에서 타협하지 않으면 집을 찾는 데 몇 년이 걸릴지 알 수 없다. 실제로 수년간 임장을 다니는 사람들이 있다. 대개는 훗날을 기약하며 여행 다니듯 하는 동네 구경이다.

나는 기간을 정해 놓고 다닌 터라 타협이 빨랐다. 지쳤던 탓도 크다. 결과적으로는 잘한 선택이 되었다. 이 집이 좋아서가 아니라, 이 집을 좋아하게 돼서 그렇다. 어쩌면 완벽한 집을 찾는 것보다 내가 사는 집에 정을 붙이는 것이 더 중요한지도 모르겠다. 그러다 보면 어느새 눈에 콩깍지가 씐 것처럼 단점도 잘 보이지 않게 된다. 말 그대로 사랑에 빠지는 것이다.

시골에서 자랐다는 친한 선배는 "시골 정취가 덜한 편이라 아쉬워요."라는 내 말에 "얼어 죽을 정취!"를 외치며 너무 한적한 곳보다 나을 거라고 했다. 그 말이 백번 맞았다. 관공서와 은행, 슈퍼가 모여 있는 이런 마을이 아니었다면 달걀 몇 알을 사거나 택배 한 상자를 보내기 위해 하루에 몇 번 오지도 않는 버스를 기다려야 했을 것이다. 뚜벅이 주제에 무슨 자신감이었는지.

가끔 아이의 손을 잡고 논두렁과 천변을 걸어 등하교를 하는 것도 학교와 가까운 곳에 살기에 누릴 수 있는 즐거움이다. 주위에 집이 많다는 점도 나쁘지 않다. 마을과 동떨어진 위치였다면 조금 무섭지 않았을까.

그놈의 정취는 나에게만 부족했다는 사실도 밝혀야겠다.

"완전히 시골은 아니라고 아쉬워하더니, 확실히 시골 맞는데?"

놀러 오는 친구마다 이런 말을 하는 것을 보면 내가 생각한 시골의 기준이 남들과 많이 달랐던 모양이다. 그러니 이 집을 놓쳤으면 어쩔 뻔했나 싶다. 단단히 씐 콩깍지가 한동안은 벗겨지지 않을 것 같다.

끝나지 않는 것들

  50년 된 벽돌집의 상태는 생각보다 심각했다. '처참했다'는 표현이 더 맞겠다. 천장은 휘고, 바닥에는 갈라진 곳이 많았다. 벽에서 떨어져 나온 타일들은 셀로판테이프가 간신히 지탱하고 있었는데, 여러 번 덧붙인 탓에 사이사이로 곰팡이가 자라 나이테 같은 무늬를 이루었다. 찢어진 벽지와 벗겨진 페인트, 아귀가 맞지 않는 창문과 모서리가 떨어져 나간 방문. 무엇이든 조금씩 뒤틀리거나 어긋난 집이었다. 전등갓과 스위치 커버, 문고리 하나마저도 자신들이 버텨온 시간의 더께를 호소하는 듯했다.
  어디서부터 어떻게 손을 대야 할지 막막했다. 더군다나 이 모든 것을 직접 고쳐야 하는 상황이었다. 집

값이 예산을 초과하는 바람에 돈이 얼마 남지 않았던 까닭이다. 업체에 맡겨도 답이 안 나올 판에 셀프 수리라니. 평소 악기나 자동차 고치기를 좋아하는 남편은 여러 가지 공구와 장비를 주문하며 즐거워하는 것도 같았다. 관련 지식이 없는 나로서는 가능성조차 의심스러웠지만 달리 방법이 없었다. 약간의 기술이 있는 남편을 믿어 보는 수밖에.

집수리 과정은 길고 험난했다. 단번에 되는 일이 거의 없었다. 외단열 작업을 하기 위해서는 집 둘레 바닥에 콘크리트를 붓는 작업부터 해야 했고, 콘크리트를 부으면 땅을 파기 힘들어지기 때문에 별채 수도 배관 작업을 먼저 해야 했다. 본채만 따로 떨어뜨려 생각할 수도, 원하는 순서대로 일을 할 수도 없었다.

시간은 속절없이 흘렀다. 업체에 맡기면 며칠 만에 끝날 일도 일주일, 열흘, 보름이 넘도록 이어졌다. 조적과 미장을 예로 들자면 벽돌 몇 층 쌓는 동안 반나절이 지났고, 레미탈을 물에 개는 동안 또 반나절이 지났다. 그나마 뭐라도 하면 다행이었다. 일에 집중하고 싶은데 자꾸만 예상하지 못했던 문제들이 생겼다. 하려던 일은 손도 대지 못하고 갑자기 터진 사고를 해결하느라 이리 뛰고 저리 뛰며 하루를 보내는 날도 부지기수였다.

자잘한 일은 셀 수 없을 만큼 많았다. 쓰지 않는 정화조를 메우거나, 공사에 방해가 되는 돌을 옮기거나, 폐기물을 정리해서 치우는 등 눈에 안 띄고 티도 안 나지만 하지 않을 수 없는 일들이었다.

가끔 일정이나 순서가 꼬이면 아무것도 하지 못했다. 일을 할 때는 속도가 더딜지언정 무언가 진행되고 있다는 사실에 위안이라도 느꼈는데, 마냥 손을 놓고 있자니 환장할 노릇이었다. 그런 날에는 별로 심어 둔 것도 없는 텃밭을 돌아보거나 멀쩡한 꽃을 이리저리 옮겨 심으며 애먼 짓을 했다. 여유로워 보이는 겉모습과 달리 속은 타들어 갔다.

우리 부부는 차로 15분 거리에 있는 시댁을 베이스캠프 삼아 아침마다 아이를 등교시키고 시골집으로 갔다. 오후 5시까지 일한 다음, 그쯤 하교하는 아이를 태워서 다시 시댁으로 가는 일상이었다.

시부모님과 지낸다고 말하면 사람들은 대부분 놀라는 동시에 동정의 눈길을 보냈다. 가끔 만나도 어려운데 어떻게 같이 사느냐고 묻는 사람도 있었다. 어머님이 암 투병 중이라는 사실을 알게 되면 그들의 안타까움은 배로 커졌다. 내가 온갖 살림에 어머님 간병까지 떠맡는 건 아닌지 염려됐을 것이다.

현실은 정반대였다. 어머님과 아버님은 등교 준비로 바쁜 손녀와 아들 부부의 아침을 꼭 챙겨 주셨다. 우리가 밥을 먹는 동안 어머님은 아이의 옷을 두툼한 이불 밑에 묻어 두었다. 아이는 날마다 보드랍고 따듯한 옷을 입었다. 그게 사랑인 줄도 모르고 한껏 사랑받는 아이를 보는 게 좋았다.

일을 마치고 돌아와서도 우리는 두 분이 차려 놓은 저녁을 먹었다. 설거지는 주로 남편이 맡았고, 나는 아이의 숙제를 봐줬다. 그러고 나면 다 같이 아파트 뒷산에 있는 산책로를 걸었다. 나와 아이는 종종 빠지곤 했지만, 남편은 아무리 피곤해도 그 일과를 빼먹지 않았다. 어머님에게 운동이 필요했기 때문이다.

하는 일도 없는 나에게 어머님은 늘 고맙다고 하셨다. 아이 때문에 많이 웃어서 그런지 몸이 아픈 것도 잊게 된다고, 이런 복을 누리게 될 줄 몰랐다고 몇 번이나 말씀하셨다.

절친한 언니가 내 얘기를 듣고 말했다.

"밥 차리느라 고생할까 봐 걱정했는데 차려 주는 밥을 먹고 산다니… 주희야, 역시 넌 멘탈이 강한 년이야. 내가 그래서 널 좋아하잖아!"

나도 맞장구를 치면서 깔깔 웃었다.

물론 그 시간이 좋기만 했던 것은 아니다. 틀림이 아닌 다름의 문제로 스트레스를 받기도 했다. 샤워 후에 옷을 입고 나와야 한다든가 거실에 아무렇게나 누워 있을 수 없다는 사소한 제약이 유난히 불편하게 느껴지는 날도 있었다. 시부모님도 마찬가지였을 것이다.

진짜 문제는 따로 있었다. 좋고 나쁨과 상관없이 시댁은 내 집이 아니라는 점이었다. 학교에 다니는 아이의 물건은 점점 늘어났다. 방 안 가득 쌓여가는 짐을 볼 때마다 떠돌이 생활을 하는 것처럼 한없이 심란했다. 책상과 이불, 접시에 티스푼 하나까지 내 살림이 그리웠다.

이번 달에는 끝나겠지. 여름이 오기 전까지는 되겠지. 아이 방학 중에는 들어갈 수 있을 거야. 개학할 때까지는 꼭…. 마음이 점점 급해졌다. '본채 완성'에서 '본채 내부 완성'으로 이사 시점을 바꿨지만, 목표를 낮춘 뒤에도 이사는 쉽지 않았다.

  여름이 지나고 가을이 올 즈음 시골집에 들어왔다. 3개월을 예상했는데 반년이 걸렸으니 정확히 두 배의 시간을 쓴 셈이다. 창고에 보관한 가구 중 일부는 장마가 지나가는 동안 상해 버렸다. 쓸 수 있는 것들을 집 안으로 옮겨 닦아내고, 눅눅해진 이불도 모조리 빨아 널었다. 아끼던 살림살이를 꺼내 자리를 찾아주자 비로소 내 집 같았다. 안과 달리 밖은 계속 공사판이었지만, 아침저녁으로 오가는 곳이 아니라 밥을 먹고 잠을 자며 생활하는 공간이 된 것만으로도 감사했다. 외벽과 처마, 별채와 외양간은 살면서 천천히 고치기로 했다.

  그 뒤로 해가 세 번 바뀌었다. 우리 집은 여전히 수리 중이다. 별채 수리가 끝나면 와서 머물다 가라는 말을 들은 지인이 적어도 서른 명쯤 될 텐데, 아직도 약속을 지키지 못했다. 이제까지의 속도로 미루어 보건대 적어도 1, 2년은 더 걸릴 것 같다. 어쩌면 더 오래 걸릴지도 모른다.

  왜 덜컥 시골집을 샀을까 후회한 적이 있다. 그때는

집이 변해가는 과정을 즐길 여유가 없었다. 얼른 완성되기만을 바랐기에 진척이 없으면 한없이 답답했다. 내가 생각하는 '완성'이란 얼룩이 없는 외벽과 잡동사니가 보이지 않는 마당, 자로 잰 듯한 이랑과 고랑이 있는 텃밭 같은 것이었다. 살아보니 그건 비현실적인 목표였다.

악덕 사장처럼 남편에게 "빨리빨리"를 외치고 있지만 이전만큼 조급하지는 않다. 집수리는 언제나 현재진행형이라는 사실을 이해하게 되었기 때문이다. 특히 시골집은 여기가 다 됐다 싶으면 저기서 탈이 나고, 이제 끝났다 싶으면 또 손볼 곳이 생긴다. 함께 사는 가족처럼 늘 살피고 돌봐야 한다.

지금 창고 옆에는 화로와 장작이, 별채 아래에는 농기구와 중고 목재가 가득하다. 수돗가는 늘 어수선하고, 현관 앞은 돌아서면 더러워진다. 그래도 내 집이라 그런지 다정한 눈길로 보게 된다. 매일 나타나는 거미줄, 걸어 다닐 때마다 흙이 떨어지는 장화와 이곳저곳 쌓여 있는 잡초더미에 익숙해지고 있다. 그런 풍경이야말로 시골집을 시골집답게 만들어 주는 것 같다. 완벽하지 않아서 더욱 살갑게 와 닿는 아름다움이다.

한 가지 아쉬운 점이 있다면 이 아름다움을 어머님과 함께 즐기지 못한다는 것이다. 우리가 시골에 온 이듬해 봄, 갑자기 입원하신 어머님은 6개월 만에 우리 곁을 떠나셨다. 아버님과 남편이 먼 거리를 오가며 간병에 매달렸지만, 더 이상 할 수 있는 게 없었다.

어머님은 여리고 따스한 분이었다. 마음의 준비를 하고 있었지만, 막상 닥친 이별은 언제나처럼 깊은 슬픔과 그보다 더 깊은 후회를 남겼다. 새 소리를 들으며 마시는 차를, 화로에 구운 고구마와 툇마루에 앉아 볼 수 있는 별을 정말 좋아하셨을 텐데. 공사가 미진해도 자주 모시고 올걸. 꽃이 핀 마당에서 가족사진이라도 찍을걸. 다 같이 여행 한번 다녀올걸. 먼 훗날 집수리가 끝나는 날이 오더라도 이런 마음은 끝내 사라지지 않을 것 같다.

남편 회사는 어쩌고요?

"남편 회사는 어쩌고요?"
도시를 떠나기로 결심했을 때 가장 많이 들은 질문

이다. 내가 하는 일은 장소의 구애를 받지 않지만, 직장인인 남편은 달랐다. "제가 그만두라고 했어요."라고 대답하면 다들 눈이 동그래졌다. 어떻게 그럴 수 있느냐는 것이다. 그때마다 "의사 정도 벌면 절대 그런 소리 안 하죠!" 하면서 웃고 말았는데, 말 그대로 그냥 웃자고 한 말이었다. 의사 수입과는 비교가 안 되겠지만 당시 남편의 월급이 그리 적은 액수는 아니었다.

문제는 대출금이었다. 대출 원금과 이자, 각종 공과금과 보험비를 내고 육아를 도와주는 엄마에게 약간의 돈을 드리면 남는 게 별로 없었다. 저축은 꿈도 꾸지 못했다. 돈이 바닥난 달에는 마이너스 통장을 썼다. 들쑥날쑥한 내 수입으로 적자를 메꾸기도 했지만, 몇 달 지나면 다시 빚이 생겼다.

베스트셀러를 써내거나 복권에 당첨되는 드라마틱한 일이 일어나지 않는 이상 우리의 생활은 달라질 것 같지 않았다. 선택의 기로에 선 기분이었다. 아직 젊으니까, 아이가 커가니까, 힘들어도 더 열심히 일해서 돈을 모으는 게 맞다는 생각도 했다. 그러다가 운이 좋으면 상급지 갈아타기나 로또 분양에 성공할 수도 있고, 역시 버티길 잘했다며 웃게 될지 모른다. 그런데 그런 생활이 대단히 행복할 거라는 생각은 들지 않았다. 다 그렇게 산다고들 했지만, 그 말이 위로가 되지도 않았다. 남이 아닌 나의 인생이므로 나에게 맞는 방식을 찾아야 했다.

  나는 과감하게 일을 줄였다. 업무량과 작업비가 비례하는 직업인 만큼 벌이도 덩달아 줄었다. 허리띠를 졸라매야 했다. 스트레스가 심할 줄 알았는데, 그 반대였다. 육아에 재미가 붙었고, 집안일이 수월해졌다. 틈틈이 하는 독서와 뜨개질도 큰 즐거움이었다. 나에게는 돈만큼 시간이 중요하다는 사실을 그때 알았다. 두 가지를 동시에 얻을 수 있다면 더할 나위가 없겠으나 삶이란 본래 녹록지 않은 것이므로 한 마리 토끼라도 확실하게 붙잡고 싶었다.

  내가 일을 줄인 만큼 남편의 어깨는 무거워졌을 것이다. '나라도 더 벌어야지.' 같은 생각을 하지 않았을까 싶다. 나는 남편이 그렇게 살지 않았으면 했다. 성취를 위해서라면 몰라도 그저 책임감 때문이라면 더더욱 그만두기를 바랐다. 부부 사이에 필요한 것은 배려와 존중이지 희생은 아니라고 믿었다. 정확히 말하면 누구든 다른 가족 구성원에게 희생을 강요하거나 반대로 희생의 대가를 요구하는 것이 싫었다. 저마다 내가 아닌 너를 위해 산다고 하는데 실은 아무도 행복하지 않은, 그런 결말은 최악이었다.

시골에 가면 정말로 하고 싶은 일을 하라고 남편에게 말했다. 음악이든 목공이든 좋아하는 일로 돈 버는 연습을 해보라고. 돈벌이는 따로 하되 거기에 들어가는 시간과 에너지를 줄이고 좋아하는 일을 더 많이 하는 방법도 있었다. 나 역시 그렇게 해볼 생각이었다.

남편이 결심을 굳혔을 때, 주변의 반응은 둘로 갈렸다. 부럽다는 사람도 많았지만, 걱정하는 사람도 많았다. 한 푼이라도 더 벌고 모아야 할 나이에 왜 일을 그만두냐고 묻는 동료도 있었다고 한다. 이해할 수 없다는 그 말을, 나는 이해할 수 있을 것도 같다. 나이가 들수록 돈 나갈 구멍이 늘어난다는 사실을 부인할 수 없기 때문이다.

도시를 떠나지 않았다면 우리도 그랬을 것이다. 남편은 계속 회사에 다니고, 나 또한 다시 일을 늘렸을 게 뻔하다. 그렇게 해야 빚을 갚으며 아이의 학원비를 댈 수 있을 테니까. 대출금 완납, 더 좋은 집과 자동차, 철저한 노후 대비를 목표로 정신없이 살았을지 모른다. 그런 삶이 나쁠 리 없다. 그 성실함과 꾸준함을, 지칠 때마다 서로를 다독이며 또다시 힘을 내는 부부들을 존경하고 응원한다. 다만 우리는 조금 다른 방식을 택했을 뿐이다.

언제인가 8평 원룸에 사는 미니멀리스트 부부의 유튜브를 본 적이 있다. 집에 있는 가구는 커다란 책상 하나뿐이었다. 조리 도구와 그릇도 몇 개 되지 않았다. 부부는 세탁기 없이 손빨래를 하고, 청소기 대신 빗자루를 사용했다. 화장품도, 세제도 쓰지 않는다고 했다. 그 영상은 꽤 화제가 되어 여러 사이트와 커뮤니티로 퍼져나갔다. 궁상맞다거나 가난을 미니멀 라이프로 포장한다는 댓글도 있었다. 미니멀리즘은 간소한 삶을 추구하는 것인데, 오로지 돈을 아끼기 위한 것이라고 믿는 듯했다.

타인의 삶을 함부로 재단하고 비웃으며 악담을 퍼붓는 사람은 어느 곳에나 있다. 그들은 본인이 옳다고 믿기 위해 본인과 다르게 사는 사람을 깎아내린다. 각자의 이상과 욕망, 행복을 인정하지 않는다. 정작 그 부부의 형편을 아는 사람은 아무도 없었다. 만일 그들에게 재산이 많다면 그와 같은 생활 방식을 폄훼하는 사람도 줄어들지 궁금해졌다. 빈자의 미니멀리즘은 정신 승리가 되고, 부자의 미니멀리즘은 인생철학이 되는 걸까.

무엇이든 돈과 연결되는 세상이다. 부자가 되지는 못하더라도 다들 돈 걱정 없이 살기를 바란다. 나 역시 그렇다. 그런데 돈이 얼마나 있어야 걱정하지 않고 살 수 있는지는 모르겠다. 매달 500만 원이면 족하다는 사람도 있지만, 그 두 배도 빠듯하다는 사람 역시 존재한다. 자녀 수와 자가 유무, 부채 규모, 외식과 여행 빈도수 등 상황과 씀씀이에 따라 액수는 얼마든지 달라질 수 있다.

미래의 불안까지 끌어오면 답은 더 어려워진다. 10억을 모으면 안심이 될까? 20억 정도는 되어야 할까? 건물 하나쯤은 마련해 두어야 은퇴 준비라고 할 수 있을까? 사람마다 기준이 다를 뿐더러 돈의 특성상 "이만하면 됐다." 하고 멈출 수 있을지도 의문이다. 가질수록 더 많이 가지고 싶은 것이 사람의 마음이기에 그렇다.

프랑스의 철학자 파스칼 브뤼크네르는 돈에 대한 지나친 갈망이 돈 아닌 다른 것을 무의미하게 만든다고 했다. "아무것도 없고 돈만 있어도 좋은 것이다."(파스칼 브뤼크네르, 『돈의 지혜』, 흐름출판, 2019, 163쪽) 소유만으로 행복을 느낀다면 정답은 오히려 간단해진다. 돈 버는 데 온 힘을 다하는 삶을 택하면 된다. 돈이 목적이든 수단이든 이미 많은 사람이 그렇게 산다.

나도 돈이 많았으면 좋겠다. 먹고사는 데 지장이 있는 것은 아니지만, 가끔은 돈 앞에서 한없이 작아진다. 값비싼 물건을 사지 못하거나 그럴듯한 취미를 즐기지 못할 때보다 아끼는 친구가 오기로 했는데 한우 한 팩을 들었다 놨다 할 때, 친한 동생에게 줄 선물을 고르면서 통장 잔고를 확인할 때, 엄마가 좋아할 만한 여행지를 발견하고도 비용을 계산하다 포기할 때 그런 마음이 든다. 그렇지만 지금의 삶에 만족하지 못하는 것은 아니다.

하루 중 한두 시간밖에 얼굴을 보지 못했던 우리 부부는 이제 세끼를 함께 먹는다. 메뉴 고민과 요리, 정리와 설거지도 같이 한다. 할 말이 금방 바닥날 줄 알았지만 그렇지 않았다. 공유하는 시간이 늘수록 대화 소재도 늘었다. 아이가 오늘 무슨 말을 했으며, 그 모습이 얼마나 예뻤는지 남편에게 전달하지는 않게 되었다. 함께 듣고, 함께 보기 때문이다.

당연히 수입은 줄었다. 도시에서 살 때와 비교하면 3분의 1 정도 되려나. 그래도 어찌저찌 산다. 출퇴근을 안 하니 옷과 화장품은 별로 필요하지 않고, 주변에 학원이 없어서 사교육비도 안 든다. 웬만한 채소는 키워서 먹는다. 조금 불편해도 괜찮다. 그저 불행하다고 느끼지 않을 정도로 일하고, 벌고, 쓰고 싶다. 지금처럼 어쩌다 한 번 외식을 하고, 1년에 하루 정도는 좋은 공연이나 전시를 관람하고, 아주 가끔은 짧은 여행을 갈 수 있다면 좋겠다.

결국 중요한 것은 '돈이 얼마나 있어야 하는가'보다 '나에게 얼마나 필요한가'이다. 나는 여전히 내가 어떤 사람인지, 나다운 삶이란 무엇이며 그렇게 살려면 어떻게 해야 하는지 고민하고 있다. 시골에서의 삶이 그 답을 찾는 데 도움이 되기를 바란다.

아이 교육은 어쩌고요?

 서울 3대 학군지에 비빌 수준은 아니지만, 시골로 오기 전에 살던 동네는 교육열이 꽤 높은 곳이었다. 멀지 않은 곳에 대형 학원가가 있었고, 아이가 나중에 가게 될 중학교 역시 평판이 무척 좋았다. 다른 엄마들은 이쪽으로 오려고 하는데 너는 왜 나가려는 거냐고 묻는 사람들에게 그럴듯한 답을 하지는 못했다.
 될놈될 할놈할(될 사람은 되고, 할 사람은 한다)을 믿어서 그런 것은 아니다. 나 역시 그 동네에서 자랐다. 과외를 받거나 학원 뺑뺑이를 돈 적은 없지만, 때마다 가장 잘나가는 종합학원에 다녔다. 방학이 되면 '최강팀'이나 '드림팀'으로 불리는 강남 유명 강사진의 특강을 듣기 위해 등록일 새벽부터 줄을 섰다. 건물을 뒤덮은 간판과 빼곡하게 박혀 있는 강의실, 하원하는 자녀를 기다리는 학부모들의 차량에서 나오는 불빛으로 휘황했던 학원가에서 많은 시간을 보냈다.
 공부를 많이 해야 하는 환경이라고 해서 살벌한 경쟁만 있는 것은 아니었다. 뛰어난 친구들을 보며 주눅이 들었던 기억도 있지만, 나름 즐거운 학창 시절을 보냈다. 다들 열심인 분위기였기 때문에 나처럼 게으른 사람도 엉겁결에 공부를 할 수 있었던 것 같다. 그런 면에서 큰 도움을 받았다.

학군지의 장점을 부정하고 싶지는 않다. 오히려 아이를 위해 이사를 감행하는 부모들의 열정을 존경한다. 아이의 성적에 관심을 쏟고, 엄마표로든 사교육으로든 부족한 부분을 채워주며, 입시 정보를 수집해 전략을 세우는 일련의 과정은 말 그대로 '열정'이 아니고서는 해낼 수 없는 일이다. 숙제 하나 제대로 봐주는 것도 쉽지 않다는 사실을, 아이가 커갈수록 깨닫게 된다.

자녀 교육에 있어 시골은 분명 열악한 점이 많다. 무엇보다 학원 선택의 폭이 좁다. 우리 동네의 경우, 피아노 학원이 면내 유일한 사교육 기관이었는데, 그마저도 올해 들어 문을 닫았다.

나는 그 학원을 참 좋아했다. 피아노를 배우기도 하지만 노는 시간이 더 많은 학원이었다. 개인 연습을 마친 아이들은 학원 앞에 있는 놀이터로 달려 나갔다. 한참 그네를 타거나 모래 장난을 하다가 누군가가 와서 "2학년 들어오래!" 하면 손을 탈탈 털고 들어가 레슨을 받는 식이었다. 아이를 데리러 가면 신발장부터 살폈다. 신발이 없으면 아이가 놀이터에 있다는 뜻이었다. 분홍으로 번져가는 노을 속에서 뛰어노는 아이를 한없이 바라보다가 함께 집으로 돌아가곤 했다.

원장님은 혼자서 아이들을 가르치셨다. 학원 차도 직접 몰았다. 음악 공부를 더 하게 되었다며 후임자를 구하기 위해 애쓰셨지만, 결국 찾지 못하신 모양이었다. 학원이 있던 자리에는 건설 사무소가 들어섰다. 나라를 잃은 듯한 기분이었다. 아이도 아쉬운지 그 앞을 지날 때마다 다시 학원이 생겼으면 좋겠다고 말했다. 하지만 학교가 없어질까 봐 걱정인 동네에 학원이 들어설 가능성은 없어 보인다.

학원이 없는 대신 시골 학교에는 다양한 방과 후 수업이 있다. 골프, 드론, 우쿨렐레, 컴퓨터, 밴드, 배드민턴, 원어민 영어 회화 등 웬만한 건 다 한다. 아이는 4주에 한 번 실내 골프장에 가고, 반년에 한 번 승마 강습을 받는다. 현장 체험 학습도 매달 간다. 워터파크, 놀이공원, 박물관, 스케이트장, 아쿠아리움, 딸기 농장을 신나게 다닌다. 고학년이 되면 겨울마다 2박 3일로 스키 캠프를 떠날 것이다.

   학교에서 진행하는 활동은 전부 무료다. 돈을 내고 받는 사교육에 비하면 진도나 연속성이 아쉽게 느껴질 수도 있지만, 배움의 기회라는 측면에서는 여간 흡족한 게 아니다. 시골 아이들은 집안 사정이나 환경에 따라 경험의 격차가 크기 때문에 이런 학교 프로그램이 더욱 필요하다는 생각이 든다.

   나는 아이 학교에서 열리는 행사 중에 운동회를 가장 좋아한다. 시골 학교 운동회는 마을 축제나 다름없다. 학부모뿐만 아니라 아이들의 할머니와 할아버지, 동네 어르신들까지 구경을 온다. 조용했던 운동장이 와자지껄해지고, 나무 그늘에는 색색의 돗자리가 깔린다.

   학생 수가 적어서 어른들도 함께하는 경기가 많은데, 참가만 하면 비누와 화장지, 견과류 세트 같은 선물을 받을 수 있다. 처음에는 손사래를 쳤던 내가 이제는 부지런히 나가서 생필품을 장만한다. 열심히 달리고, 공을 굴리고, 카드를 뒤집고, 줄을 당기다 보면 어느새 점심시간이 된다.

어느 돗자리나 풍성하다. 김밥과 통닭은 기본이고, 즉석 떡볶이를 만들거나 삼겹살을 굽는 곳도 있다. 이런 분위기인 줄도 모르고, 첫해에는 세 식구가 먹을 도시락에 아이가 좋아하는 음료수 하나만 달랑 챙겨 갔다. 음식으로 가득한 상자와 아이스박스, 심지어 수레(!)까지 끌고 온 가족들을 보고서야 뭔가 잘못됐음을 깨닫고 황급히 시부모님께 SOS를 쳤던 기억이 난다.

실은 도시락이 조금 부실해도 괜찮다. 아이들은 친구를 찾아 여기저기 돌아다니며 어른들이 챙겨 주는 음식을 받아먹는다. 어떤 학부모님은 몇 년째 솜사탕 기계를 가져와서 아이들에게 솜사탕을 만들어 주시기도 한다.

점심을 먹고 나면 운동회의 하이라이트인 이어달리기만 남는다. 선생님 대 학부모 계주, 학부모 계주, 학생 계주가 이어진다. 아이가 셋인데 선수처럼 빠른 어머님, 소주 한잔 걸치고 나와 비틀비틀 뛰는 아버님, 그분을 봐주느라 뒤로 달리는 선생님, 그러거나 말거나 이 악물고 뛰는 선생님…. 구경하면서 정신없이 웃다 보면 운동회가 끝이 나고, 다들 양손이 무거운 상태로 집에 돌아간다.

처음 운동회에 참석한 날, 너무 재미있어서 블로그에 일기를 썼다. 그 내용을 바탕으로 동화책까지 내게 되었으니, 아이 학교 운동회는 나에게도 여러모로 뜻깊은 행사다.

아이는 학교에 가기 귀찮다는 말을 수시로 하지만, 그런 것 치고는 꽤 즐거워 보인다. 스쿨버스에서 내리면 그날의 급식 평가와 함께 이런저런 소식을 전하기 시작하는데, 학교 뒤뜰 매화나무에서 딴 열매로 매실청을 만들었다는 이야기, 고구마 농사는 아무래도 망한 것 같다는 이야기, 작은 음악회에서 노래를 부르고 박수를 많이 받았다는 이야기, 도예가 선생님이 오셔서 물레 체험을 해봤는데 빙글빙글 돌아가는 점토를 만지는 느낌이 이상했다는 이야기 등등 흥미진진한 내용이 많다.

언제인가 눈이 많이 온 날에는 유난히 들뜬 상태로 내리더니 기다렸다는 듯 말을 쏟아냈다.

"엄마, 엄마! 오늘 1교시에 다 같이 나가서 눈싸움 하고 놀았어. 나 100번 맞았어! 남자애들이 너무 잘 맞춰. 호랑이 쌤도 3학년 언니, 오빠들한테 눈 엄청 맞았어. 놀다가 교실에 들어왔는데, 세상에, 학교에서 컵라면을 주는 거야! 진짜 맛있었어!"

 수업이 끝난 뒤에도 친구들이랑 눈 미끄럼틀을 탔다는 아이는 손이며 바짓단, 양말이 전부 젖어 있었다. 아이의 말을 들으면서 나는 "진짜 재밌었겠다!"를 반복했다. 그런 날이면 어쩐지 뭉클해졌다. 흥분이 가라앉지 않을 만큼 신이 났던 아이의 하루가 나도 너무 좋아서 그랬다.

 그럼에도 아이는 도시가 더 좋다고 한다. 하굣길에 문구점을 들르고, 친구들과 떡볶이를 사 먹는 일상을 원한다. "마당이 있어서 좋다."거나 "역시 집이 최고야."라는 말을 곧잘 하지만, 주변에 패스트푸드 체인점과 탕후루 가게, 코인 노래방이 있는 할아버지 댁을 더 좋아한다. 앞으로도 아이는 도시에서 자란 내가 알 수 없는 아쉬움이나 고충을 느낄지 모른다.

 자신의 의사와 상관없이 이곳에서 살게 된 아이에게는 어쩔 수 없이 미안한 마음이 들 때가 있다. 수학 선행이나 어학원 레벨 테스트 같은 이야기를 들으면 이대로 괜찮을까 걱정이 되기도 한다. 나름대로 아이의 공부를 봐주고 있지만, 도시와 같은 환경을 조성해 줄 수는 없다. 그렇다고 해서 잃는 것만 있지는 않을 것이다. 우리는 다른 길을 걸으니 다른 것을 얻을 거라고 생각한다.

어떤 환경이 아이에게, 그것도 '내' 아이에게 좋은 것인지 누가 장담할 수 있을까. 그저 각자의 소신대로 최선을 다할 뿐이다. 우리 아이는 길가에서 산딸기를 따 먹고 텃밭의 감자를 캔다. 식물을 구분하는 법과 별자리 찾는 법을 배운다. 여름 내내 마당 수영장에서 물놀이를 하고, 겨울이 되면 집 앞 비탈길에서 눈썰매를 탄다.

당장은 몰라도 시간이 많이 흐른 뒤에는 아이가 이때의 기억을 소중히 여기리라 믿는다. 좋은 기억의 힘으로 자기 앞에 주어진 생을 기꺼이 끌어안고 나아갔으면 한다. 그것이 때로는 생각만큼 멋지거나 대단하지 않을지라도. 이런 소망을 품은 채 하루하루 잘 놀리고 있다.

PART 2

사람, 그리고 사람

부족하지만 모자람 없이

 일요일 저녁, 골목 끄트머리 집 할머니가 찾아와 어린이용 해열제가 있는지 물으셨다. 집에 놀러 온 손주가 열이 나는데 근처에 아이 있는 집이 여기뿐이라 혹시나 해서 와 보셨단다. 절반이 조금 안 되게 남은 부루펜 시럽이 있어 얼른 내드렸다. 이틀 뒤 할머니는 새로 산 해열제와 함께 직접 수확하신 호두를 한 봉지 가득 가져오셨다. 시럽은 손주들이 올 때를 대비해서 두시라는 의미로 돌려드리고, 호두는 감사히 받았다.

 그날 우리 가족은 호두 파티를 벌였다. 금방 까서 먹는 국산 햇호두는 까놓은 것을 포장한 미국산 호두와 비교할 수 없을 만큼 맛있었다. 어찌나 고소한지 남편이 껍데기를 까서 내려놓기 무섭게 호두알을 빼먹느라 바빴다. 해열제 반병이 이렇게 귀한 음식으로 돌아오다니 신기한 일이었다.

우리 동네에는 소아과가 없다. 아이가 있는 집들은 보통 시내 병원에 간다. 도롯가에 가정의학과가 하나 있긴 하지만, 환자는 대개 어르신들이다. 보건소와 요양병원을 제외하면 면내 유일한 의료기관인 이곳은 아는 사람만 아는 물리치료 맛집이기도 하다. 콧물이 심한 아이를 데려간 날에도 물리치료실 외에는 한산해 보였다.

원장님은 너무 오랜만에 어린이 환자를 봐서인지 투약 용량을 고민하시는 것 같았다. 무언가 계산하듯 중얼거리다가 책도 한 권 꺼내서 넘겨보시더니 독수리 타법으로 키보드를 치셨다. 한참 만에 처방전을 받아 들고 1층에 있는 약국에 갔는데, 이번에는 약사 선생님이 당황한 눈치였다. 그분은 조제실에서 물약을 꺼내 갈색 유리병에 덜어주시고는 실리콘 약통이 없다며 멋쩍게 웃으셨다. 나도 당황스러웠다. 집에 요리용 계량 스푼이 있다는 사실을 까맣게 잊고, 어떻게 해야 아이에게 약을 10밀리리터씩 먹일 수 있을까 고민했다.

약국을 나온 뒤 남편에게 말했다.

"건너편에는 약방이라는 게 있던데, 거기 가볼 걸 그랬나?"

그곳에 종합감기약을 사러 간 적이 있다는 남편은 고개를 저었다. 주인 할아버지가 어찌나 연로하신지 약을 달라고 하기도 죄송스러울 정도였다나. 앉아 계신 의자에서 몸을 떼기 시작한 지 1분이 지나도록 완전히 일어서지 못해서서 결국 남편이 약의 위치를 여쭤본 다음 직접 꺼냈다고 한다. 나중에 알고 보니 약방은 의약품을 판매할 뿐 조제는 할 수 없는 곳이었다. 당연히 실리콘 약통도 없었을 것이다.

시골에는 부족한 것이 많다. 새벽 배송이나 당일 배송은 꿈도 못 꾼다. 배달이 가능한 음식점은 지역 프랜차이즈 치킨집뿐이다. 동네에 따라 식당과 카페가 있기도 하지만, 늦은 시간까지 문을 여는 곳은 없다. 면 소재지 마트도 오후 7시 반, 겨울에는 6시 반이면 문을 닫는다.

무엇보다 이동이 불편하다. 도시에서 살 때는 운전을 못 해도 힘든 점이 없었다. 다양한 노선의 버스가 자정이 넘도록 돌아다녔고, 지하철을 타면 미술관이든 놀이공원이든 금방 갈 수 있었다. 목적지에 따라 버스를 골라 타는 도시와 달리 이곳에서는 버스 시간표와 노선에 맞춰 외출 일정을 정해야 한다. 승객 감소와 열악한 교통망 등 다양한 문제가 얽혀 있어 개선은 쉽지 않아 보인다.

우리 마을에는 버스가 하루에 다섯 번 온다. 시간표를 숙지하지 않으면 몇 시간이고 기다릴 수밖에 없다. 버스 정보 시스템은커녕 표지판조차 없는 정류장도 있어서 다들 어떻게 알고 나와 있는 건지 궁금하다.

처음 아이와 함께 정류장에 갔을 때는 내가 제대로 서 있는 게 맞는지 확신할 수가 없었다. 결국 옆에 계신 할머니와 할아버지께 "터미널 쪽으로 가려면 여기서 타는 게 맞나요?" 하고 여쭤봤는데, 역시나 아니었다.

"그거는 저짝에서 타야 뎌."

반대편 정류장을 가리키신 두 분은 우리를 따라 길을 건넜다. 그리고 10분쯤 지나서 아이와 내가 버스에 타는 모습을 확인한 뒤에야 정류장을 떠나셨다.

우리가 버스를 잘못 탈까 봐 함께 기다리며 지켜보신 거였다. 그 따듯한 마음을 뒤늦게 알고 얼마나 감사했는지 모른다.

운행 횟수가 적다고 투덜거린 적도 있지만, 남편이 어머님 간병으로 집을 비우는 동안 시골 버스는 나와 아이의 귀중한 교통수단이 되어주었다. 우리는 주로 시내에 있는 시장에 갔다. 차로는 20분이면 가는 거리인데 버스로는 대략 50분이 걸렸다. 이야기하기를 좋아하는 아이 덕분에 그리 지루하지 않은 시간이었다.

시장 구경은 언제나 재미있었다. 장날에는 특히 볼거리가 많았다. 신기한 물건이 널려 있는 만물상, 깨 볶는 냄새가 진동하는 방앗간 골목, 들을 때마다 놀라게 되는 뻥튀기 기계 소리…. 무엇보다 눈길을 사로잡는 것은 다양한 먹거리였다. 배가 고프지 않아도 찹쌀 꽈배기나 국화빵, 호떡은 그냥 지나칠 수 없었다.

점심에 간식까지 사 먹고 아이가 가장 좋아하는 문구점, 내가 가장 좋아하는 종묘사를 차례로 들르면 슬슬 집에 가는 버스를 탈 시간이 되었다. 그 버스를 놓치면 저녁에 있는 막차만 남기 때문에 시간 여유를 넉넉히 두고 정류장으로 가야 했다. 그다음에 할 일은 기다리는 것뿐이었다.

나는 기다리는 일에 점점 익숙해졌다. 쓰다 만 글을 생각하고, 거기에 들어갈 낱말을 고르고, 문득 떠오른 상념의 꼬리를 붙들어 보기도 했다. 때로는 아무 생각 없이 시간을 흘려보냈다. 손해라고 하면 손해이고 비효율이라고 하면 비효율이겠으나, 정신없이 굴러가는 하루 중 쉼표를 찍는 기회라고 생각하면 그리 아깝지 않았다.

가끔은 대낮같이 밝은 도시의 밤거리가 떠오른다. 슬리퍼를 신고 걸어갔던 영화관, 토요일마다 아파트 단지 앞에 서 있던 곱창 트럭이 가장 아쉽다. 시골에서 처음 겨울을 보낼 때는 아침마다 양털 점퍼를 찾아 입으며 사계절 내내 반팔 차림이었던 아파트 생활을 그리워하기도 했다.

시골의 밤은 빠르게 찾아온다. 지금도 8시만 되면 골목이 통째로 잠든 것처럼 조용하다. 시골 어른들은 일찍 잠자리에 드시고, 깨어 있어도 습관처럼 전등을 끈다. 드문드문 자리한 가로등의 불빛으로 몰아내기엔 너무 두터운 어둠이라 저녁에 나가려면 랜턴을 챙겨야 한다. 여름에는 강렬한 열기가 지붕을 달구고, 겨울에는 싸늘한 바람이 스며든다. 구옥이 가진 한계다.

그럼에도 세 식구가 마당 화롯가에 모여 앉아 시시덕거릴 때면 나에게는 이곳이 딱 맞는다는 생각이 든다. 추위가 기승을 부리는 날에도 굳이 나가서 불을 피우고, 광에 보관했던 가을 감자를 굽는다. 쪼갤 때마다 김이 솟아오르는 노릇한 감자는 배달 음식을 잊게 해준다. 질리지 않는 맛이고, 질리지 않는 재미다.

이렇듯 세상에서 말하는 불편이 오히려 축복처럼 느껴질 때가 있다. 공기가 좋다거나 층간소음 걱정이 없다는 등의 장점으로 단점이 상쇄되는 것이 아니라 시골살이의 단점 그 자체가 또 다른 만족감으로 다가온다. 이유는 간단하다. 사람이 채워주고, 자연이 채워주기 때문이다.

시골은 주어진 대로 받아들이는 법을 가르쳐 준다. 이곳에서 나는 있으면 있고 없으면 없는 대로 지내는 법을 배운다. 낮은 낮답게 밤은 밤답게, 여름은 여름답게 겨울은 겨울답게 보낸다. 부족하지만 모자람 없이, 앞으로도 이렇게 살았으면 좋겠다.

대문은 옵션

 마당 수돗가에서 대야를 정리하고 있는데 담장 위로 손이 불쑥 올라왔다.
 "드실류?"
 옆집 할아버지가 쥐고 계신 건 기다란 마늘쫑 한 줌이었다.
 "네, 저 이거 진짜 좋아해요!"
 반색하는 나에게 할아버지는 "농사가 잘 안 돼서 션찮유."라고 하셨다. 말씀과 달리 마늘쫑은 무척 싱싱해 보였다. 밭에서 금방 뽑아 오신 듯했다.
 낭창거리는 마늘쫑을 씻어서 물기를 뺀 다음, 적당한 길이로 썰어 소금물에 담갔다. 사흘이 지나자 선명했던 연둣빛이 노랗게 변했다. 알맞게 삭은 마늘쫑에 고추장과 참기름, 통깨를 넣어 조물조물 무쳤다. 엄마가 자주 해준 반찬이었다.

나는 어릴 적에도 햄이나 소시지보다 밑반찬을 잘 먹었는데, 특히 마늘쫑장아찌무침을 좋아했다. 엄마 표 마늘쫑장아찌는 간장이 아니라 소금물에 담가 삭힌 것이었다. 그 반찬이 상에 올라오는 날이면 밥 한 공기를 순식간에 비웠다. 씹을 때마다 오도독 소리가 나는 재미있는 식감과 매콤새콤한 맛, 그 사이로 배어나는 알싸한 향이 좋았다. 엄마의 손맛에는 미치지 못했지만, 처음 시도한 마늘쫑장아찌무침은 제법 그럴싸했다. 우리 텃밭에도 마늘을 심어 볼까, 고민하게 되는 맛이었다.

그 뒤로도 몇 번이나 옆집에서 채소를 얻어먹었다. 옆집 할머니와 할아버지는 이사하기 전부터 종종 뵀는데, 우리가 집을 수리할 때 찾아와 궁금한 점을 물어보시기도 하고, 이장님이나 청년회장님 댁이 어디인지 알려주시기도 했다. 지난봄에는 따로 부탁드린 적이 없는데도 우리 감나무에까지 진딧물 약을 뿌려주셨다.

처음에는 그런 친절이 달갑지 않았다. 싫었다기보다는 풍문으로 들었던 시골 텃세나 오지랖을 겪게 될까 봐 지레 겁을 먹었던 것 같다. 도시를 떠나왔어도 나는 여전히 익명성에 편안함을 느끼는 사람이었다. 시골살이에 앞서 가장 걱정했던 점은 벌레나 난방비, 부족한 인프라가 아니라 옆집 숟가락 개수까지 안다는 친밀한 이웃 관계였다.

아니나 다를까 마을 사람들은 대부분 서로 아는 사이였다. 이곳에서 태어나 지금껏 살거나, 도시로 떠났다가 나이가 들어 다시 돌아온 분이 많았다. 간혹 우리에게 "어디로 이사 오신규?" 하고 묻는 어르신도 있었는데, 주소나 주변 설명은 전부 소용이 없었다. "김00 님이 사시던 집이에요." 해야 "아아~ 00이네!" 하고 알아들으셨다.

가장 신기한 것은 낮이나 밤이나 열려 있는 대문이었다. 나는 커튼만 걷어도 마음이 완전히 놓이지 않는데, 다들 아무렇지 않게 대문을 열어두고 지냈다. 심지어 대문이 없는 집도 있었다. 철거 작업을 하면서 대문을 떼어 낸 우리 집도 그중 하나였다. 차이점이 있다면 그분들은 대문을 달 마음이 없고, 우리는 빨리 대문을 달고 싶었다는 것이다.

밤이 되면 괜히 불안했다. 대문을 닫아걸어야 안심하고 잠을 잘 수 있을 것 같았다. 하지만 대문을 구입하고 설치하는 데는 꽤 많은 돈이 필요했다. 더 급한 일이 많았기 때문에 대문 달기는 한 달이고 두 달이고 미룰 수밖에 없었다.

대문이 없어도 이웃들은 함부로 들어오지 않았다. 오히려 젊은 사람들이 불편해할까 조심하는 분위기였다. 노크 소리를 듣고 나가 보면 문 앞에 갖가지 채소가 놓여 있었다. 머위, 깻잎, 미나리, 양파, 고구마…. 참 많이도 받았다.

받기만 하는 게 민망해서 한번은 옆집과 앞집에 김밥을 싸 드렸다. 이틀 뒤 골목에서 만난 옆집 할머니는 정말 오랜만에 김밥을 먹었다고 하셨다. "맛있게 잘 싸시네. 나는 손이 이렇게 굽어서 김밥을 말 수가 있어야지." 하며 두 손을 내밀어 보이셨는데, 정말로 열 손가락 전부 뼈마디가 굽어 있었다. 그 손으로 매일 밭일을 하시고, 고생해서 키운 농작물을 우리에게 나눠 주셨던 것이다.

"저도 지난번에 주신 애호박 정말 잘 먹었어요."

내 말에 할머니는 "올해 호박을 안 심으셨능가?" 하시더니, 끌고 가던 수레 바구니에 손을 넣어 주먹만

한 애호박을 꺼내주셨다. 뒤늦게 열린 게 있어 따 오셨단다.

   그날 저녁, 들기름을 두른 팬에 다진 마늘이랑 양파를 넣은 뒤 호박을 두툼하게 썰어 볶았다. 쌀뜨물을 조금 부어 부글부글 끓이다가 새우젓으로 간을 하고 들깻가루를 넣었더니 구수한 맛이 났다. 이웃에서 부추를 받으면 부추전을, 노각을 받으면 노각무침을 해 먹었다. 이런 식으로 밥상 메뉴가 결정되는 날이 많았다.

   어르신들은 손이 커서 무엇이든 한 소쿠리씩 갖다주셨다. 음식을 나눠 먹다 보니 나도 손이 커졌다. 도시에서는 반찬이든 간식이든 세 식구가 먹을 만큼만 만들곤 했는데, 이제는 되도록 넉넉히 한다. 김밥은 무조건 열 줄 이상 싸고, 팥죽이나 호박죽은 들통에 끓인다. 약식을 한 날에는 약식을, 쿠키를 구운 날에는 쿠키를 들고서 이웃집에 간다. 활짝 열려 있는 대문 안으로 척척 걸어 들어가 현관문을 두드리면 다들 반갑게 맞아주신다. 접시 하나에 담은 마음이 곧 서너 배가 되어 돌아온다. 이런 게 정이라는 건가 싶다.

   아는 사람 하나 없는 시골 마을에서 살기로 결심하

기란 쉽지 않았다. 타지 사람인 우리가 어떻게 해야 잘 정착할 수 있을지 많이 고민했다. 당장 할 수 있는 일은 열심히 인사를 하는 것뿐이었다. 그러면서도 경계심을 완전히 떨치지 못했고, 혹시나 너무 다가오는 사람이 있을까 봐 마음속으로 선을 그었다.

　우려와 달리 우리를 못마땅하게 보는 사람은 없었다. 남편과 내가 인사하면 보는 둥 마는 둥 하던 무뚝뚝한 할머니도 아이의 인사만큼은 활짝 웃으며 받아주셨다. 골목에 하나뿐인 어린이여서 그런지 아이는 예쁨을 많이 받았다. 주머니에서 사탕을 꺼내주는 분도 있었고, 금방 딴 사과 한 알을 쥐여주는 분도 있었다. 아이를 데리고 다닌다는 이유 하나로 괜스레 나까지 대접을 받을 때가 많았다. 백숙집 아주머니는 밭에 계실 때마다 지나가는 나를 꼭 부르셨다.

　"애기 엄마, 이것 좀 가져가요! 애기 먹여요!"

　그러고서는 오이 너덧 개를 뚝뚝 따 주시거나 매끈한 가지를 한 아름 안겨주셨다. 나는 주시는 대로 넙죽넙죽 받았다. 받은 작물을 어떻게 해서 먹었는지 알려드리기도 했다.

　"미나리를 많이 주셔서 전이랑 초무침도 했어요."

"지난번에 주신 가지는 튀겨서 먹었는데, 정말 맛있었어요!"

이렇게 말씀드리면 무척 좋아하셨다. 계속 얻어먹기 위한 큰 그림이었는데 아무래도 성공한 것 같다. 여전히 잘 얻어먹고 있으니 말이다.

어느덧 우리는 대문 없이 사는 데 익숙해졌다. 새 대문을 달기는 했지만, 다른 집처럼 그냥 열어두고 산다. 시골에서 대문이란 프라이버시를 지키기 위한 필수품이 아니라, 있어도 되고 없어도 되는 일종의 옵션 같다.

시골 인심이 더 사납다는 말을 종종 듣는다. 시골 노인들이 몰상식하다는 사람, 고약한 이웃이 많다는 사람도 보았다. 그중 일부는 자신들의 경험을 근거로 시골은 살 곳이 못 된다고 말하기도 한다. 하지만 도시라고 해서 무례한 사람이 없을 리 없다. 이웃 간의 갈등 또한 사람이 얽혀 사는 곳이라면 어디에서나 생길 수 있는 일이다. '시골 인심'이란 어쩌면 시골에 거주하고 있는 사람들을 향한 터무니없는 기대와 은근한 압박을 포장한 말이 아닐까.

나의 짧은 경험으로 모든 시골에 대해 말할 수는

없다. 다만 누군가를 '시골 사람이라서' 혹은 '도시 사람이라서'라는 말로 설명할 수는 없다고 생각한다. 사람 사는 곳은 결국 크게 다르지 않은 것 같다. 미리 겁먹을 필요도, 먼저 선을 그을 필요도 없다. 마음을 열고 지내다 보면 생각보다 빨리 시골 생활에 적응할 수 있을지 모른다. 꼭꼭 닫아걸었던 대문도 어느새 스르르 열릴 것이다.

지금이 좋다

 오가피나무들이 늘어선 텃밭 가장자리에 못 보던 풀이 났다. 잎의 모양새가 화려하고 고고한 빛을 띠는 것이, 초짜의 눈에도 분명 잡초는 아니었다. 당시에 나는 식물을 두 가지로 분류했다. 잡초와 잡초가 아닌 것. 잡초가 아닌 식물은 또다시 두 가지로 나뉘었다. 먹을 수 있는 것과 없는 것. 보릿고개를 넘어야 하는 시절도 아니건만 새로운 식물에 대한 나의 관심사는 오로지 식용 가능 여부였다.
 궁금증은 며칠 만에 풀려 버렸다. 제법 풍성해진 은

녹색 이파리 사이로 오동통한 봉오리를 단 꽃대가 쑥 올라온 것이다. 먹지는 못하게 됐지만 기분은 꽤 좋았다. 꽃씨를 사다 뿌리고 매일 물을 줘도 싹을 보기가 쉽지 않은데, 심지도 않은 꽃이 저절로 자라다니 황송한 마음이었다.

봉오리의 크기로 봐서는 제법 커다란 꽃일 것 같았다. 꽃밭으로 옮겨 심어야 할지, 이미 꽃대가 올라왔으니 그냥 두어야 할지 고민하는 사이에 꽃이 활짝 피었다. 꽃잎은 핏빛에 가까웠고, 안쪽에는 팬지처럼 검은 무늬가 있었다. 그래서인지 자잘하게 돋아나 있는 노란 암술과 수술이 꼭 밤하늘을 수놓은 불꽃처럼 보였다. 한마디로 강렬한 아름다움이었다. 미처 따지 못한 오가피 순들이 금세 잎을 펼쳐 그늘을 드리웠지만, 초록 일색의 배경에서 선명한 붉은색은 더욱 두드러졌다.

한참 쳐다보다가 남편을 불렀다. "진짜 예쁘지?"라는 내 말에 남편은 평소보다 훨씬 빠르고 성의 있게 고개를 끄덕였다. "왠지 굉장해 보인다."는 소감이었다. 어디에서 씨앗이 날아왔을까, 뿌리째 삽으로 떠내면 꽃밭으로 옮길 수 있지 않을까, 한참 이야기를 나누던 우리는 이미지 검색 어플로 꽃 사진을 찍어보고는 깜짝 놀랐다. 그 꽃의 정체는 양귀비. 그 유명한 아편의 원료였다.

시골에서는 양귀비 개화 시기가 되면 경찰의 집중 단속이 시작된다. 재배하면 안 된다는 사실을 알면서도 알게 모르게 양귀비를 키우는 사람이 있는가 보다. 나는 얼른 꽃을 뽑아내고 가슴을 쓸어내렸다. 그러고도 미처 발견하지 못한 양귀비가 있을까 봐 텃밭을 뒤지며 법석을 피웠다. 식물은 한 포기만 있어도 무섭게 불어나기 때문에 씨앗이 맺히기 전에 없애야 했다.

우리의 황당한 에피소드를 들은 어머님은 빙그레 웃기만 하셨다. 어릴 적에 양귀비를 흔히 보셨다고 한다.

"동네 할머니들이 양귀비 진액을 굳혀서 허리춤에 넣어 다녔어. 누가 배탈이 나거나 머리가 아프다고 하면 그걸 꺼내 가지고 살살 긁어내서 먹이는 거야. 그때는 그게 만병통치약이었지."

어머님 말씀을 듣고 보니 옛날 어른들이 양귀비를 키운 이유를 알 것 같았다. 약국이 없고 병원에 가기도 쉽지 않은 외딴 지역일수록 천연 진통제에 의존했을 것이다.

  시골에 와서 알게 된 것은 내가 아는 게 너무 없다는 사실이었다. 여름이 지날 무렵 집집마다 베어 세워둔 깻대를 보고도 그게 뭔지 몰라서 한참을 궁금해했다. 줄기에 다닥다닥 달린 꼬투리 안에는 참깨가 옥수수알처럼 가지런히 들어차 있었다. 마흔이 넘어 처음 본 것이었다. 거의 매일 참깨를 먹으면서도 그게 어디에서 어떻게 열리는지 지금껏 알지 못했다.
  자연에 대한 나의 무지는 대부분 무관심에서 비롯된 것이었다. 예전에는 길가에 꽃이 있어도 유심히 보지 않았다. 오로지 나 자신에만 골몰하느라 그랬다. 청춘은 찬란한 만큼 그림자가 짙었고, 나는 빛보다 어둠 속에 있을 때가 많았다. 그 시절 내가 중요하게 여긴 것은 '남들이 보는 나'였다. 나의 생김새, 내가 걸친 물건, 타인에게 보이는 이미지와 평판을 신경 쓰는 데 지나치게 많은 시간을 썼다. 현실의 나는 내가 꿈꾸는 모습을 따라가지 못했고, 그 괴리가 나를 괴롭혔다. 나의 초라함에 매번 절망해야 했다.

시간이 흘러 마흔 중반에 이르렀다. 우리 사회에서 제3의 성으로 취급받는 아줌마가 되었음을 더 이상 부정할 수 없다. 줄어든 건 기억력과 머리숱이요, 늘어난 건 주름과 몸무게다. 서글픈 적이 없었다면 거짓말이지만, 짐작과 달리 나이 드는 일이 모조리 아쉽고 서럽기만 한 것은 아니었다. 정희 작가님이 『어떤 꿈은 끝내 사라지지 않고』에서 언급한 것처럼 "생각의 방향을 바꾸자 '소외'는 '기회'가 되었다."(정희, 『어떤 꿈은 끝내 사라지지 않고』, 꿈꾸는인생, 2023, 71쪽)

타인의 시선에서 한 발짝 비켜나니 인생은 한 길 정도 편해졌다. 내가 갖추려고 애썼던 안팎의 모습도 실은 그다지 대수롭지 않은 것이라는 생각이 들었다. 지나간 시간이 아예 무용하지는 않았던 모양이다. 나에게서 눈을 돌린 까닭일까. 그간 무심코 지나쳤던 존재들이 시아에 들어오기 시작했다.

난생처음 알게 된 것이 참 많았다. 토마토는 곁순을 따주지 않으면 정글을 이루었다. 땅콩은 꽃잎을 떨어뜨린 꽃대가 다시 땅속으로 들어가서 열리는 것이었다. 상추와 쑥갓, 로메인에서 피어나는 꽃을 보았다. 한때는 마트 진열대에 있는 상품으로만 생각했던 채소들이 흙에서 태어나 사라지는 과정을 지켜보았다. 비가 오고 나면 식물들이 얼마나 성큼 자라는지, 초록은 얼마나 선명해지며 꽃봉오리는 또 얼마나 부푸는지를 알았다.

이름을 아는 꽃과 풀, 새, 곤충의 숫자가 하나씩 늘었다. 하늘이 훤히 보이는 곳에 살다 보니 머리 위에서 벌어지는 일에도 약간의 지식이 생겼다. 몇 가지 별자리를 금방 찾아낼 수 있게 되었다. 수백, 수천 광년을 지나 지구에 닿은 빛은 가늠할 수 없는 거리를 사이에 둔 존재를 의식하게 하는 벅찬 신비였다.

"사십 대가 되니까 정말 좋아요."

아주 오랜만에 마주한 지인에게 말했다. 쨍쨍이라는 별명을 가진 그녀를 처음 만난 곳은 인도의 작은 도시 푸쉬카르였다. 당시 스물셋이었던 나는 해외가 처음이었고, 쨍쨍은 베테랑 여행자였다. 시골 초등학교 교사라서 방학마다 여행을 다닌다고, 인도만 다섯 번째라고 했다.

푸쉬카르에 머문 닷새 동안 매일 쨍쨍을 보았다. 휴대전화도 없고 일부러 약속한 것도 아닌데 하루도 빠짐없이 마주쳤다. 조그마한 마을이어서 가능한 일이었는지도 모른다. 쨍쨍은 짜이 가게나 호숫가에 앉아 있었고, 거리에서 아이들과 놀기도 했다.

스무 살이 훌쩍 넘는 나이 차에도 불구하고 우리는 친구가 되었다. 함께 차를 마시고, 다른 여행자들과 걷기도 했다. 더운 날에도 그늘에는 시원한 바람이 불었다. 나뭇잎들이 부대끼는 소리가 딱 기분 좋을 만큼 수선스러웠다. 멋진 경험이었다.

여행에서 돌아온 뒤, 쨍쨍이 일하는 학교에 놀러 갔다. 학생도 아닌데 아이들 옆에 앉아 수업을 들었다. 운동회 리허설도 함께했다. 처음 보는 선생님들과 같이 쌀자루에 들어가 마구 뛰었다. 역시 멋진 경험이었다.

시절 인연으로 지나갈 줄 알았는데, 시간이 한참 흐른 뒤에 쨍쨍의 전화를 받았다. 그녀는 퇴직 후 대안학교에서 아이들과 연극놀이를 하고, 친구들을 모아 환갑파티를 열고, 서너 달씩 여행을 다니며 여전한 모습으로 살고 있었다.

그녀의 초대를 받아 제주도로 내려갔다. 10년보다 더 오랜 시간을 사이에 두고도 우리는 항상 만나왔던 것처럼 이야기를 나누었다.

"그렇제? 계속 살아봐라. 오십 되니까 더 좋고, 육십 되니까 더, 더 좋다!"

지금이 좋다는 나에게 쨍쨍이 한 말이다. 지체 없이 나온 대답에 안심이 되었다. 기꺼운 마음으로 오십, 육십을 맞이할 용기가 생겼다고 해야 할까.

다음 날 아침, 그녀는 또다시 여행을 떠나며 나에게 선물을 주었다. 제주에서의 휴식이 가능한 공간과 시간이었다. 쨍쨍이 없는 쨍쨍의 집에서 보름을 보냈다. 오래된 주택이지만, 뒤뜰에 작은 숲길이 있는 아름다운 집이었다. 한 달 만에 구했다는 말이 믿기지 않을 정도였다. 시골집은 몇 년을 돌아다녀도 마음에 드는 걸 찾기 어려운데 어떻게 금방 구할 수 있었냐고 물었을 때, 그녀의 대답은 간단했다.

"그건 욕심이 너무 많아서 그런 거다."

순간, 부엌에 창문이 없는 게 살짝 아쉽다고 생각했던 내 마음을 들킨 기분이었다. 나라면 분명 그 집을 놓치고 말았을 거다. 집을 구하는 팁이 꼭 인생의 힌트처럼 들렸다. 바라는 것을 줄이면 무엇이든 한결 쉬워질 거라는, 어쩌면 단순한 진리였다.

나는 여전히 모르는 게 많고, 부족한 게 많다. 그래도 괜찮다. 대단한 사람이 못 된다고 해서 나를 책망하거나 부끄럽게 여기지 않는다. 다만 몰랐던 사실을 알아가고, 부족한 부분을 채워가며 즐거워하고 싶다. 훗날 '지금이 참 좋다.'고 말하는 할머니가 된다면 더 바랄 것이 없겠다.

알고 보면 좋은 사람

깊은 새벽, 누군가 우리 집 창문을 두드렸다. '똑똑'이 아니라 '쾅쾅', 그것도 대여섯 번 연속으로. 소스라치게 놀란 나는 남편을 흔들어 깨웠다. 벌떡 일어나 현관문을 열고 나간 남편은 곧 다시 들어오더니 휴대폰을 들고 갔다. 밖이 너무 깜깜해서 아무것도 보이지 않는다고 했다. 덜컥 겁이 났다. 나가지 말라고 할 걸 그랬나. 이런 시간에 남의 집 창문을 부술 듯 두드리는 사람이 칠흑 같은 어둠 속에서 무슨 짓을 할 줄 알고 저렇게 뛰쳐나가는 걸까.

잠시 후, 밖에서 까랑까랑한 목소리가 들리기 시작

했다. 한옥집 할머니라는 사실을 대번에 알 수 있었다. 우리 뒤뜰 옆에 있는 한옥집 할머니와 할아버지는 서울에서 3~4주에 한 번씩 내려와 잠시 지내다 가셨다. 두 분이 오셨다는 사실은 안 보고도 알 수 있었는데, 담벼락을 가뿐히 뛰어넘는 할머니의 고성 때문이었다. 할머니는 우렁찬 목소리로 할아버지에게 잔소리를 퍼붓거나 호통을 쳤다.

아무것도 몰랐지만, 나는 할머니 편이었다. 할아버지가 젊었을 적에 사고를 많이 친 게 아니고서야 할머니의 기세가 저토록 웅장할 리 없었다. 연세도 많은 분이 어쩜 그렇게 속사포로 말을 쏟아내는지 아웃사이더 뺨치고 매드클라운 업어치는 실력이었다. 〈쇼미 더 머니〉에 나가면 합격 목걸이는 따 놓은 당상이요, 일대일 배틀에서도 당해낼 자가 없을 거라 생각했는데 남편이 그 상대가 될 줄이야.

할머니의 말인즉슨, 우리 집 가스탱크가 미관상 좋지 않고 위험해 보이니 당장 치우라는 것이었다. 그때 우리는 기름보일러를 LPG 보일러로 바꾸면서 뒤뜰에 벌크 가스통을 설치한 상황이었다. 설치 기준이 까다로워 위치 선택부터 연통 길이까지 여러 번 수정을 거쳤다. 한국가스안전공사에서도 두 번이나 사람이 나와 확인했다. 이런 번거로움에도 벌크 가스통을 선택한 이유는 충전식이라 편리하기도 하지만 일반 가스통에 비해 안전하기 때문이었다.

  할머니의 심정이 이해가 아주 안 되는 것은 아니었다. 우리 집 뒤뜰이 그 집 대문과 가까운 데다가 문이 없어 훤히 들여다보이는 게 문제였다. 남편은 곧 뒤뜰에 문을 달 계획이라고 할머니께 말씀드렸다. 그러면 가스탱크가 보이지 않을 것이었다. 안전하기로는 작은 것보다 벌크가 훨씬 낫다는 설명도 하려 했으나 소용이 없었다. 할머니는 한 달에 만 원으로 평생 보장받는 치아 보험 가입을 권유하는 텔레마케터처럼 단 1분도 상대방에게 말할 기회를 주지 않았다. 왜 이렇게 큰 걸 쓰느냐, 터지면 어떡할 거냐, 아무리 자기 땅이라지만 남의 집 담벼락 옆에 이게 뭐냐, 보기에도 안 좋다, 나는 절대 용납할 수 없다, 하면서 빨리 다른 데로 옮기라고 목소리를 높였다. 콘크리트 시공까지 해서 땅에 박은 가스통을 치우라니 말 그대로 난감했지만, 할머니는 같은 얘기를 반복했다. 이쪽 사정을 들을 생각이 전혀 없는 것 같았다.

대화가 불가능하다는 결론에 이른 나는 남편을 데리고 들어오기 위해 밖으로 나갔다. 관객이 늘어나자 할머니의 목소리에 한층 더 힘이 실렸고, 결국 근처에 있던 창문 하나가 열렸다.

"잠 좀 잡시다!"

시간을 확인해 보니 4시 20분. 쌍욕이 날아들지 않은 게 다행이었다.

"어르신, 지금 새벽 4시예요."

할머니께 말씀드린 뒤, 남편을 잡아끌었다. 할머니는 댁으로 들어가면서도 아쉬운 듯 몇 마디를 던지셨다.

우리 부부는 다시 잠들지 못한 채 아침을 맞았다. 다들 쓰는 가스탱크를 쓰지 말라 하시니 황당했다. 그간 좋은 이웃들을 만났다며 기뻐했는데 역시 적은 가장 가까운 곳에 있는 법이었다. 할머니와 싸우고 싶지는 않았다. 그렇다고 할머니의 요구를 들어드릴 수도 없었다. 콘크리트 받침대를 깨부수고 가스탱크를 옮길 시간이나 비용은 물론, 가스 회사와 한국가스안전공사가 모두 오케이를 할 만한 다른 장소도 없었다.

나는 남편에게 말했다. 평소처럼 인사는 하되 가스

탱크 얘기가 나오면 그냥 대충 넘기고 말자고. 속된 말로 쌩까자(?)는 내 말에 남편도 고개를 끄덕였다. 그러다 보면 할머니도 제풀에 지쳐 포기하지 않으실까 기대하며 최대한 마주치지 않기를 바랐다.

내 바람과 달리 할머니는 날이 밝자마자 다시 우리를 찾아왔다. 그날 낮에도, 늦은 오후에도 오셨다. 매번 특유의 속사포 랩으로 가스 회사에 연락해 가스탱크를 철거하라고 성화셨다.

남편은 나와의 약속을 잊었는지 다시 할머니와 대화를 시도했다. 안전 법규를 지키면서 가스 충전이 가능한 위치가 왜 이곳뿐인지, 이 가스탱크가 어째서 작은 가스통보다 안전한지 설명했다. 뒤뜰에 문을 달고 꽃도 심을 거라 미관 역시 너무 걱정하지 않으셔도 된다는 말을 덧붙였다. 할머니가 두어 마디 듣다가 말을 끊으면 처음부터 다시 말씀드리고, 똑같은 질문을 반복하면 똑같은 답변을 몇 번이고 해드렸다.

나는 남편이 헛수고를 한다고 생각했다. 그냥 듣는 둥 마는 둥 하면 될 것을, 말이 통할 리 없는 사람을 붙잡고 입 아프게 왜 저러나 싶었다. 그런데 할머니의 태도가 조금씩 달라졌다. 끊임없이 쏟아내던 말을 멈추고 남편의 말을 듣기 시작한 것이다. 우리가 전혀 언급하지 않았음에도 지난 새벽에 찾아온 건 미안했다고 사과하시는가 하면, "내 목소리가 큰 건 귀가 잘 안 들려서 그런 거지 싸우자는 게 아니다."는 점을 몇 번이나 강조하셨다. 싸우고 싶지 않다고, 이웃이니 잘 지내고 싶다고 말씀하셨다. 그러니까 우리는 모두 같은 마음이었던 것이다.

"응, 법이 그렇다는 것이지? 잘 가리고 예쁘게 할 거라는 거지? 그럼 그렇게 해야지, 뭐."

할머니는 쿨하게 퇴장하셨다. 막무가내에, 무례하고 고집불통인 분일 거라는 내 예상이 보기 좋게 빗나갔다. 남편의 대처 역시 내 생각과 달랐다. 가족에게는 자상한 사람이지만 밖에서는 성질머리가 보통이 아닌지라 '혹시 할머니한테 화를 내기라도 하면 내가 자제시켜야지.' 하는 마음으로 지켜보고 있던 것도 사실이다. 그런데 속 터지는 그 상황에서 남편은 짜증 한번 내지 않았다. "리스펙트!"라는 말이 절로 나왔다. 나라면 그렇게 혼신의 힘을 다해 할머니와 이야기를 나누지 못했을 것이다.

의외의 복병은 할아버지였다. 우리끼리 이럴 문제가 아니라며 가스 회사에 연락해 보겠다던 할아버지는 가스탱크 철거를 요구할 명분이 없다는 사실을 알게 되자 태도를 바꾸셨다. 마주칠 때마다 엄포를 놓고, 역정을 내거나 억지를 부리기도 하셨다. 내심 마음이 불편했는데, 얼마 지나지 않아 할아버지도 나름의 방안을 제시하셨다. 시멘트블록을 놓고 갈 테니 담 옆에 그걸 쌓아서 가스탱크 옆쪽을 좀 가려달라는 것이었다. 대립 대신 타협을 선택하신 것도, 요구가 아닌 부탁을 해오신 것도 정말 감사했다.

　두 분이 서울에 가 계시는 동안 남편과 나는 시멘트블록을 쌓아 담을 만들었다. 해가 바뀐 뒤에는 깔끔하게 문도 달았다. 한 차례 겨울을 난 뒤, 한옥집 할아버지는 기름값이 너무 많이 나왔다며 우리 집 가스 요금은 얼마나 되는지 물어보셨다. 우리처럼 가스탱크 설치를 고민 중이신가 보다.

　시골에 와서 겪은 첫 이웃 갈등은 무사히 마무리됐다. 앞으로 또 누구와 어떤 갈등이 생길지 모르지만, 절대 해결하지 못할 일은 없을 거라는 생각이 든다. 사람을 함부로 판단하면 안 된다는 교훈도 얻었다.

예전에는 '알고 보면 나쁜 사람 없다.'는 말을 싫어했다. 그렇게 치면 나쁜 사람이 대체 어디에 있단 말인가. 지금 와서 생각해 보니 나에게는 타인을 이해하고자 하는 마음이 부족했던 것 같다. 단면으로 전체를 짐작하고, 조금 불편하다 싶으면 얼른 회피하며 손쉽게 관계를 끊어왔다. 애쓰지 않은 만큼 괴롭지 않았지만, 새로이 만난 누구와도 어느 정도 이상의 마음을 나누지 못했다.

그렇게 어색해진 사람이 얼마나 될까. 어쩌면 잘 지낼 수도 있었을 이들과 참 급하게도 멀어졌다. 이번에는 그런 결말이 아니라서 다행이다. 허리가 ㄱ자로 굽고 두 다리는 O자로 휘었을 만큼 연세가 많지만 먼저 사과하실 줄 아는 멋진 할머니, 아웃사이더 뺨치고 매드클라운 업어치는 걸크러시 할머니랑 하마터면 서먹하게 지낼 뻔했지 뭐야.

객식구와 개 식구

언제부터 우리 집 마당에 고양이가 살게 됐는지 모

르겠다. 슬쩍슬쩍 들어오는 녀석들은 많았지만 대부분 텃밭 구석에 볼일을 보고 떠나거나 창고 앞에서 볕을 쬐다 갈 뿐이었다. 그중 한 마리가 매일 찾아오기 시작한 건 집수리가 한창인 가을 무렵이었다. 머무는 시간이 점점 길어진다 싶었는데, 며칠이 지나자 아예 눌러앉아 버렸다. 비쩍 마른 데다가 다른 고양이들에게 자주 치이는 걸로 봐서는 그간 지낼 곳이 마땅치 않았던 모양이다. 그러던 와중에 소시지를 던져주는 집이 생기니 자리를 잡아야겠다고 결심했던 것 같다.

마당 고양이의 등장에 우리 가족은 흥분을 감추지 못했다. 당장 사료를 주문하고 몇 가지 간식을 사 왔다. 남편이 스티로폼으로 집을 만들어 주기도 했지만, 고양이는 자기가 고른 택배 상자에서 잠을 청했다. 아침에 일어나 블라인드를 올리면 마당에 놓인 상자 위로 뾰족한 귀가 보였다. 그 귀여운 장면을 보기 위해 세 식구가 창문 앞에 쪼르륵 붙어 서 있곤 했다.

먹을 것을 줘도 곁을 내어주지 않는 다른 고양이들과 달리 녀석은 먼저 다가와 몸을 비벼댔다. 손을 내밀면 벌렁 드러누웠고, 턱밑을 쓰다듬을 때마다 갸르

릉 소리를 냈다. 아이는 검정과 짙은 갈색 줄무늬를 가진 그 고양이에게 초코라는 이름을 붙여주었다.

비빌 언덕이 생겼다고 해서 초코의 고달픈 생활이 끝난 것은 아니었다. 대문 안쪽에 똑같은 사료를 담아두어도 몇몇 고양이들은 꼭 초코의 밥그릇을 노렸다. 마당이 소란스러워 나가보면 초코 밥을 훔쳐 먹던 고양이는 잽싸게 도망가고, 초코가 툇마루 밑에서 빼꼼 얼굴을 내밀었다.

무슨 사연인지 초코는 울지 못했다. 벙긋벙긋 입을 벌릴 때마다 가느다란 쇳소리만 들렸다. 그래도 열심히 우리를 불렀다. 현관문을 열자마자 기다렸다는 듯 나타났고, 마당이든 텃밭이든 가는 곳마다 졸졸 따라다녔다. 덕분에 나 혼자 꽃을 심거나 잡초를 뽑을 때도 심심하지 않았.

시골살이 카페에는 길고양이에게 밥을 주라고 권하는 사람이 많았다. 쥐와 벌레, 뱀까지 잡아서 밥값을 톡톡히 한다는 이유였다. 초코는 한 번도 그런 재주를 보여준 적이 없지만, 곁에 있는 것만으로 위안이 되었다. 다리 사이를 지날 때마다 느껴지는 보드라운 털, 볕이 내려앉은 이마와 몰캉한 배가 좋았다.

내가 애정하는 시인들이 왜 고양이를 찬양하는 시를 썼는지 어렴풋하게나마 짐작할 수 있었다.

외출이 길어지면 초코의 안위가 걱정됐다. 남편은 초코를 괴롭히는 고양이가 올까 봐 마당 CCTV 화면을 수시로 살폈다. 초코도 우리의 마음을 아는 것 같았다. 차 소리를 들으면 항상 대문 밖으로 마중을 나왔다. 우리를 애타게 기다리는 존재가 있다는 사실은 기쁨이자 부담이 되었다. 집을 오랫동안 비울 수 없었다. 그래도 괜찮았다. 무언가를 포기할 만큼 좋아하는 존재를 만나기란 무척 어려운 일이므로 약간의 불편을 기꺼이 받아들이기로 했다.

객식구는 하나로 충분하다고 생각했는데, 또 한 마리의 동물이 우리 집에 왔다. 이번에는 개 식구였다. 아홉 살 섭이는 오랫동안 아파트 베란다에서 살았다. 주인집에서 태어난 아기에게 심한 개 알레르기가 있는 탓이었다. 우리 가족은 섭이의 사정을 잘 알고 있었다. 베란다 유리 너머로 사람들을 물끄러미 쳐다보던 까만 눈동자를 기억했다. 그리고 시골로 이사한 다음 해에 섭이를 데려왔다.

처음에는 모른 척하고 싶었다. 친정에서 개를 세 마리나 키웠기 때문에 그 일이 얼마나 고된지 잘 알고 있었다. 개에게 들어가는 돈도 무시할 수 없었다. 오래전 첫 회사를 나오며 받은 퇴직금을 노견 두 마리의 수술비로 모두 써버린 기억이 났다. 섭이는 당장 아프다고 해도 이상하지 않을 나이였다. 다시는 경험하고 싶지 않은 이별을 또다시 겪어야 한다는 뜻이기도 했다.

동물을 좋아하는 남편과 아이는 내 허락을 기다렸다. 내가 원하지 않으면 데려오지 않겠다고 했지만, 무거운 선택을 나에게 미루는 것 같아서 원망스럽기도 했다. 절대 안 된다고 했던 나는 결국 마음을 바꿨다. 갈 곳 없는 늙은 개를 도저히 외면할 수 없었다.

처음 한 달은 개도, 사람도 새로운 환경에 적응하느라 힘들었다. 섭이는 몸집이 작은 아이를 만만하게 봤고, 남편은 그런 섭이를 교육한다며 자꾸만 큰소리를 냈다. 그러면 아이는 낯선 아빠의 모습에 울먹이곤 했다. 평화롭던 집안이 쑥대밭으로 변했다.

마음만 힘든 게 아니었다. 섭이는 꼭 산책을 다녀온 뒤에 똥을 쌌다. 오줌을 밟고 돌아다니기 일쑤여서 쫓아다니며 닦아야 했다. 친정에서 키운 개들은 모두 소형견이었던 터라 몸집이 큰 섭이가 버겁게 느껴질 때도 있었다.

 무엇보다 감당하기 힘든 것은 쉬지 않고 빠지는 털이었다. 공업용 청소기의 강력한 흡입력도 털갈이 시기에는 소용이 없었다. 섭이의 털은 사막에 굴러다니는 검불 덩어리처럼 뭉치째로 돌아다녔다. 우리 집에 놀러 왔던 이모는 소파에 앉아 발을 뒤집어 보고는 혀를 내둘렀다. 나중에 엄마에게 들어보니 털을 다 뗄 수 없어서 그날 신은 양말을 버리셨다고 한다.

 섭이를 씻길 때는 세 식구가 전부 달라붙었다. 목욕이 끝나고 나면 다들 물에 빠진 생쥐 꼴이 되었다. 이런 시간을 거쳐 우리는 서로에게 익숙해졌다. 아이와의 서열 정리도, 실외 배변 훈련도 성공적이었다. 털을 생각하면 여전히 한숨이 나오지만, 섭이 덕분에 웃는 시간이 많아졌다는 사실도 인정할 수밖에 없다. 형제 없이 자란 아이는 섭이를 유독 예뻐한다. 동갑내기라 그런지 나름대로 통하는 게 있는가 보다.

 초코와 섭이는 한마디로 앙숙지간이다. 마당에서

우리를 따라다니는 초코가 섭이 눈에는 어지간히 거슬리나 보다. 현관 방충망에 딱 붙어서 끙끙 앓는 소리를 내다가 으르렁거리며 위협하기도 하는데, 초코는 전혀 신경 쓰지 않는 눈치다. 가끔은 약을 올리듯 마당 한가운데에 앉아 천천히 몸을 핥는다. 그럴수록 섭이는 안달이 난다.

산책하러 나가는 섭이와 마당에 있는 초코가 마주칠 때도 있다. 매번 쫓아가는 쪽도, 늘 당하는 쪽도 섭이다. 초코는 자신의 순발력을 믿는 건지 좀처럼 몸을 피하지 않는다. 우리가 섭이의 목줄을 붙잡고 있다는 사실을 아는 듯하다. 한번은 눈앞까지 온 섭이의 콧등을 잽싸게 후려쳤는데, 앞발이 얼마나 빠른지 1초 만에 예닐곱 대는 때린 것 같았다. 워낙 순식간에 일어난 일이라 섭이도 얼떨떨한 눈치였다.

가끔 이런 소동을 벌이긴 하지만, 초코와 섭이 모두 자신의 공간에서 잘 지내고 있다. 초코 집을 계속 업그레이드하던 남편은 아예 조그만 목조 주택을 만들었다. 두툼한 단열재를 사방에 두르고 철제 지붕까지 얹은 집이다. 고양이를 키우는 지인들이 수시로 챙겨 보내주는 간식 덕분에 초코는 통통하게 살이 올랐다. 자기를 괴롭히던 고양이들을 쫓아낼 만큼 힘도 세졌다.

섭이는 아침저녁으로 산책을 한다. 시골의 흙길과 풀숲을 마음껏 걷는다. 매일 나다니다 보니 이제는 동네 유명 견사(犬士)가 되었다. 한 어르신은 지나가다가 차를 멈추고 내려서 쓰다듬고 갈 만큼 섭이를 예뻐하신다. 섭이 덕분에 몇몇 이웃들과는 길에서 안부를 묻고 대화를 나누기도 한다. 반려견이라는 공동 관심사가 있어서 가능한 일이다.

초코, 섭이와 함께하는 일상이야말로 도시에서 시골로 온 우리 가족의 가장 큰 변화인지 모른다. 사실 녀석들을 돌보는 일은 대부분 남편 몫이다. 동물에 대한 나의 감정은 애정보다 연민에 가깝고, 사랑보다 책임감의 비중이 크다. 의무만 다할 뿐, 마음을 많이 쏟지는 못한다. 그리 다정한 주인은 못 되지만, 함께 사는 동안 초코와 섭이가 건강하고 즐거웠으면 좋겠다. 그러면 새 식구를 들이기로 한 나의 선택을 후회하지 않을 수 있을 것 같다.

우리가 돈이 없지 낭만이 없냐

남편과 개 산책을 시키다가 동네 어르신을 만나 인사를 했다. 아침저녁으로 다니던 길에서 몇 번인가 뵌 분이었다.

"젊은 사람들이 왜 일을 안 해?"

우리 엄마와 비슷한 연세로 보이는 그분이 대뜸 물으셨다. 남들 출근하고 퇴근하는 시간에 한가롭게 개나 끌고 다니니 부부가 매일 노는 것처럼 보였던 것 같다.

"아… 집에서 일해요."

무어라 대답해야 할지 몰라 잠시 고민하다가 이렇게 말씀드렸다.

"집에서 일한다고?"

눈만 끔벅끔벅하던 어르신은 어디에 사느냐고 다시 한 번 묻고는 대문 안으로 들어가셨다.

그분에게 아무런 악의가 없다는 걸 안다. 말 그대로 일도 안 하고 대체 뭘 해서 먹고사나 궁금하셨던 거겠지. 그럼에도 내 심장은 쿵쾅쿵쾅 뛰었다. 너무 직설적인 물음에 당황하기도 했고, 한편으로는 찔려서 그런 것도 같다.

　우리 부부는 정기적인 일을 하지 않는다. 둘 다 돈은 벌지만, 월급처럼 정해진 날짜에 일정하게 들어오는 금액은 별로 없으니 이른바 반백수다. 노동의 양으로 보나 수입의 양으로 보나 백수와 크게 다르지 않은 상황이랄까.

　내가 하는 일은 윤문이다. 출판사에서 일거리를 받는데, 잦은 미팅과 인터뷰가 필요한 작업은 미련 없이 포기한다. 그리 먼 거리가 아님에도 서울을 오가는 일이 생각보다 만만치 않기 때문이다. 건축과 자동차에 관련된 자격증이 있는 남편은 한동안 일당을 뛰다가 지금은 파트 타임으로 악기를 가르친다. 개인이나 단체의 의뢰를 받아 악기를 수리하는 일도 한다. 그 외의 시간에는 집을 고친다. 내가 요청한 가구를 만들 때도 있다. 밴드 활동으로 드럼을 연주하고 간간이 공연도 하지만, 거기에서 얻는 수입은 용돈 정도인 것 같다.

　나는 남편을 충남의 이상순이라고 부른다. 문제는 내가 이효리가 아니라는 점이다. 외모도, 재력도. 그래서 우리는 자주 머리를 맞대고 돈 벌 궁리를 한다.

"서점은 돈이 안 되겠지? 빵을 같이 팔면 어떨까?"
"여기 김밥집이 없잖아. 분식집 하나 있으면 잘될 것 같은데."

이런 식으로 신나게 말만 하다가 만다. 제아무리 작은 가게라고 해도 막상 시작하려면 얼마나 많은 준비와 각오가 필요한지 알기 때문이다.

'뭘로 먹고살까.'라는 고민은 수년이 아니라 수십 년째 하는 것 같다. 원고를 고치는 일은 지독한 집순이인 나에게 고마운 돈벌이가 되어주었는데, 이것도 10년 이상 하고 보니 가끔은 그만두고 싶을 때가 있다. 출판 시장은 바람 앞의 등불 같아서 언제까지 이 일을 계속할 수 있을지 의문이 들기도 한다.

문득 남들은 시골에서 무얼 하고 사는지 궁금해졌다. 집 근처 도서관에 가서 나란히 누워 있는 제목들을 눈으로 훑고 있는데, 가든 디자이너 오경아 작가님의 책이 눈에 띄었다. 『시골의 발견』.

『시골의 발견』은 시골에서 질 높은 삶을 누리는 방법, 시골 문화를 사업으로 연결하는 아이디어에 대한 고민에서 시작됐다고 한다. 작가님은 영국과 프랑스,

네덜란드의 시골을 찾아다니며 얻은 다양한 정보를 풀어놓았다. 영국 전역에 채소 박스를 배송하는 오가닉 농장, 무인 판매 방식으로 운영하는 작은 식물 농원, 당일 수확하는 채소와 과일의 종류에 따라 매일 메뉴가 달라지는 식당, 오래된 농가 건물을 활용한 게스트하우스…. 도시와는 다른 시골의 풍경과 생활 양식이 어우러져 어쩌면 더욱 경쟁력 있는 사업이었다. "자연적이고 소박하지만 결코 누추하거나 초라하지 않다."(오경아, 『시골의 발견』, 궁리출판, 2016, 5~6쪽)는 글에 고개가 끄덕여졌다.

  그들의 성공 공식을 이곳에 그대로 적용할 수는 없을 것이다. 먼 나라의 이야기라서 감이 잡히지 않는 면도 있었다. 그럼에도 책을 읽는 내내 설레었다. 지속 가능한 시골 생활을 시골다운 방식으로 꿈꾸게 한다는 점에서 그랬다. 내 성격에 그만한 일들을 벌이게 될 것 같지는 않지만, 그저 상상만 해도(어쩌면 상상이라서) 좋은 것이다.

  나는 하고 싶은 일이 많다. 우선 백태를 키워 손두부를 만들어 보고 싶다. 장 담그는 법도 배우고 싶다. 달인까지는 아니더라도 재봉틀에 능숙해졌으면 하는 바람이 있고, 사람들 앞에서 한두 곡쯤은 자신 있게 연주할 수 있는 기타 실력을 갖고 싶다. 조그만 시골 마을을 배경으로 한 소설도 한 편 쓰고 싶다. 돈과는 별로 관계가 없는 일들이다. 돈벌이로 연결해 보려고만 하면 갑자기 의욕이 뚝 떨어지면서 만사 재미없어진다. 돈 버는 일에 재미를 운운하고 있으니 참 철이 없다 싶기도 하고, 아직은 상황이 급박하지 않구나 싶어 안심되기도 한다.

적게 일하고 많이 벌려는 욕심은 없다. 적게 벌어 적게 쓰면 된다. 그래도 이왕이면 내가 좋아하는 일로 벌었으면 좋겠다. 이러다 갑자기 농사를 짓겠다거나 독서 교실을 열겠다고, 원테이블 밥집을 해보겠다고 수선을 피울지도 모르겠다. 시골에 오는 것도, 이렇게 사는 것도 과거에는 예상하지 못했다. 미래 또한 어떻게 흘러갈는지 알 수가 없다.

"다 고치면 에어비앤비 해볼까?"

별채를 수리하고 있는 남편에게 또 말을 던진다. 대답을 원해서 한 말은 아닌데, 남편은 이번에도 실현이 어려운 이유를 늘어놓는다. 그러거나 말거나 나는 하고 싶은 말을 다 한다.

"시골집 숙소니까 옛날 할머니 댁에 있었던 것 같은 꽃무늬 벽지를 바르고, 노란 장판을 까는 거야. 침대 대신 두툼한 목화솜 요, 식탁 대신 통나무 좌탁을 놓는 게 좋겠다. 아침에는 막 수확한 채소로 만든 밥상을 내는 거지. 소박하지만 정감 가는 조식으로. 들깨를 갈아서 끓인 미역국이나 손두부를 썰어 넣은 청국장 같은 게 나오면 손님들이 좋아하지 않을까? 혹시 손님이 외국인이면 청국장보다 된장찌개가 낫겠지? 내가 영어를 좀 해야 대화가 될 텐데…."

남편은 대꾸 없이 듣는다. 안 듣고 있는지도 모르겠다.

동상이몽 하는 시간 뒤에 우리는 함께 점심을 먹고 툇마루에 나란히 앉아 커피를 마신다. 대화 주제는 어제 혹은 그제와 크게 다르지 않다. 아이가 아침에 한 말, 산책 중에 본 것, 초코를 괴롭히는 고양이를 혼내줄 방법, 하교한 아이에게 줄 간식, 저녁 메뉴, 떨어져 가는 식자재, 앞으로 해야 할 공사…. 지극히 현실적인 이야기가 정답게 느껴지는 까닭은 따스한 햇살 덕분일까, 살랑이는 바람 덕분일까. 배경 음악으로 깔리는 새 소리 덕분인지도 모르겠다.

 어느새 걱정은 사라지고, 먹고사는 일이 언제까지나 근심 아닌 설렘의 영역이었으면 좋겠다는 소망만 남는다. 현실과 낭만은 다르다지만 현실에서 낭만을 빼면 어찌 행복할 수 있을까. 팍팍한 일상도 낭만이 스미면 한결 말랑해진다. 가장 우선해야 할 것은 생존이겠으나 그다음에 필요한 무엇을 늘 생각한다. 반찬값을 아껴 꽃모종을 사고, 김치 한 쪽도 예쁜 그릇에 담으면서. 낭만의 힘으로 오늘을 산다.

막내의 기분

 집에서 조금만 걸어가면 작은 도서관이 나온다. 책이 꽂혀 있는 책장 대여섯 개, 커다란 테이블이 있는 공간 하나와 방 하나, 화장실이 전부인 정말 작은 도서관이다. 이용객이 워낙 적은 탓에 주말에는 문을 닫고 주중에도 반나절만 운영하는데, 수요일만큼은 이곳도 제법 붐빈다. 초등학교가 평소보다 일찍 끝나는 날이라서 학생들이 한자 수업을 들으러 오기 때문이다.

아이들은 테이블에 둘러앉아 동네 할머니에게 무료로 한자를 배운다. 수업이 끝날 때까지 기다리는 엄마도 있고, 언니가 공부하는 동안 책을 읽는 동생도 있다. 아이와 나도 수요일 하굣길에는 도서관에 가보곤 한다.

수요일의 도서관은 동네 사랑방 같다. 한자 선생님의 친구분들이 오며 가며 들르거나 머물다 가시는 터라 분위기가 화기애애하다. 이런저런 음식을 싸 와서 함께 드시기도 하는데, 구석에 앉아 있는 나에게도 꼭 나눠 주신다. 그렇게 믹스 커피와 부침개, 떡, 견과 같은 간식을 얻어먹었다.

한번은 족히 50리터는 될 것 같은 쌀자루를 열어 보이며 얼른 와 보라고 손짓하셨다. 그 안에는 엄청난 양의 풋고추가 들어 있었다.

"고추를 너무 많이 땄어. 필요한 만큼 가져가요!"

검은 비닐봉지에 고추를 담고 있는데, 옆에 계신 분들이 웃으면서 "많이 담아요, 많이!", "더 가져가! 가져가서 사람들이랑 또 나눠 먹어요." 하셨다. 숫기 없는 나에게 거리낌 없이 말을 걸어주셔서 좋았다. 겨우 인사만 하고 나오면서도 괜히 신바람이 났다.

조금이나마 보답하고 싶은 마음에 그다음 수요일에는 아이랑 같이 머핀을 구워 도서관으로 달려갔다. 어르신들은 마치 아이에게 그러듯 나의 작은 재주를 크게 칭찬해 주셨다. 칭찬은 고래뿐 아니라 마흔이 넘은 아줌마도 춤추게 했다. 뭘 해도 예쁜 막내가 된 기분이랄까.

마을 어른들에게 항상 좋은 소리만 듣는 것은 아니다. 간혹 대답하기 곤란한 질문을 하시거나 받아들이기 난처한 충고를 하시는 분도 있다. 언제인가 개 산책을 나간 남편이 평소보다 한참 늦게 돌아왔다. 옆 골목 할머니께 붙들려 이야기를 들어드리느라 시간이 지체됐다고 한다. 대체 무슨 말씀을 하셨나 들어보니 크게 두 가지였다.

첫째는 마을 총회와 부녀회 모임에 나오라는 것이었다. 마침 우리 부부도 그 문제를 고민하고 있었다. 사실 처음에는 경계하는 마음이 없지 않았다. 감당하기 어려운 비용의 식사 대접이나 몇백만 원 단위의 마을 발전 기금을 요구받으면 어쩌나 하는 걱정 때문이었다. 그런 일이 생기면 돈도 돈이지만 무엇보다 마음이 닫힐 것 같았다. 다행히 2년이 넘도록 이장님을 비롯해 누구도 그런 말을 하지 않았다. 남편은 집 수리와 어머님 간병으로 바빠서 총회에 참석하지 못했는데, 오히려 마주칠 때마다 공사 진척 상황이나 어머님 안부를 물으며 걱정해 주시는 분들이 많았다.

총회는 1년간 마을 소유 땅이나 건물을 통해 생긴 수익이 얼마나 되는지, 공동 자금을 어디에 어떻게 사용했으며 남은 금액은 얼마인지 공유하는 자리다. 각종 시설 문제와 대책을 논의하는 자리이기도 하다. 꼭 할머니 말씀이 아니더라도 이곳에서 계속 살려면 가봐야겠다는 생각이 들었다. 남편은 지난해 처음 총회에 참석했다. 올해는 나도 옆집 어르신을 따라 부녀회에 가볼 예정이다.

두 번째 내용은 얼른 둘째(물론 아들이어야 한다)를 낳아야 하지 않겠느냐는 재촉과 걱정이었다. 할머니 본인은 딸 셋을 낳고 아들을 못 낳았는데, 그게 오늘 이 날까지 천추의 한이라고 하셨단다. 나도 모르게 웃음이 터졌다. 우리 엄마는 물론이고 시부모님도 그런 말씀을 하신 적이 없는데, 갑자기 둘째 더하기 아들 타령이라니.

예전 같으면 기분이 몹시 나빴을 거다. 실제로 그런 이야기를 하는 분에게 차갑게 쏘아붙인 적도 있다. 지금은 그렇게 하지 않는다. 한 세기에 가까운 세월 동안 형성된 생각을 몇 마디 말로 바꿀 수 없기도 하거니와 아들이 없다는 이유로 그분이 받았을 부당한 대우와 켜켜이 쌓인 설움을 짐작건대 나를 향한 그분의 안타까움이 진심으로 느껴지기도 하는 까닭이다.

어쩌면 할머니는 자신의 말에 귀 기울이는 사람과 계속 이야기를 나누고 싶으셨는지도 모른다. 보행 보조기를 끌고 마을회관에 다녀오거나 대문 앞에 앉아 햇볕을 쪼이는 것 외에는 달리 할 일이 없는 구순 노인의 외로움을 무슨 수로 헤아릴 수 있을까.

해가 갈수록 나보다 나이가 어린 사람보다는 많은 사람에게 감정을 이입하게 된다. 나이를 먹고 있다는 것을 실감하는 탓이다. 언젠가는 나도 그 지점에 도달할 것이다. 그렇게 생각하면 한때는 전혀 이해하지 못했던 마음이 세월의 틈을 뛰어넘어 다가오기도 한다. 옳고 그름과 좋고 싫음을 떠나서 그런 마음이겠거니 하고 만다.

지난봄 주민복지센터에서 매주 두 시간씩 연필화 수업을 들었다. 마을 시설을 살리기 위한 사업의 일종으로 진행된 무료 수업이었다. 첫 시간에는 선 연습을 하고, 주 2회씩 두 달간 나무와 바위, 구름, 물 그리는 법을 배웠다. 뭔가를 배운다는 게 이렇게 즐거운 일이었나 싶을 만큼 빠져들었다. 아무리 바빠도 수업 시간만 되면 스케치북을 들고 부리나케 뛰어나갔다.

그곳에서도 나는 한참 막내였다. 여러 마을에서 모인 아주머니들과 할머니들은 어린 학생들과 크게 다르지 않았다. 숙제를 못 해와서 다급하게 하는 분도 있었고, 4B 연필을 빌리러 다니는 분, 소실점 원리가 너무 어렵다며 머리를 싸매는 분, 자기가 제일 못 그리는 것 같다고 걱정하는 분도 있었다. 선생님이 그림을 그려 보일 때면 와, 하는 감탄이 터져 나왔다.

실력이 가장 좋은 수강생은 반장 할머니였다. 소나무도, 연못도 아주 멋지게 그려내셨다. 그림을 그리는 게 이렇게 재미있는 줄 몰랐다고, 집에서도 매일 그림 연습을 하신다고 했다. 수강생들은 옹기종기 모여 그분의 그림을 구경했다. 나는 그림에 대해 아는 게 별로 없지만, 그런 내 눈에도 그리는 사람의 즐거움이 보이는 듯한 그림이었다.

농번기를 지나면서 출석률은 급격히 떨어졌다. 그래도 반장 할머니는 언제나 강의실에 있었다. 조금씩 가까워지며 그분의 사연도 듣게 되었다. 자신은 일흔을 훌쩍 넘겼고, 평생 식당을 하면서 자식들을 키웠으며, 아이돌그룹 BTS를 무척 좋아하는 아미(BTS의 팬)라고 하셨다. 알고 보니 몇 해 전까지 우리 동네에 있는 조그만 식당을 운영하던 분이었다.

스스로 연습한 그림을 보여주시던 반장 할머니의 수줍은 표정, 선생님이 해주는 말을 빠짐없이 기억하기 위해 열심히 받아 적는 모습과 BTS 얘기가 나올 때의 활기를 기억한다. 그분이 전쟁통에 태어나지 않았다면, 더 많은 배움의 기회를 얻을 수 있었다면 어땠을까. 지금의 삶도 충분히 훌륭하지만, 그 소질과 열정을 마음껏 키웠다면 또 어떻게 사셨을지 궁금해진다.

연필화 수업이 끝날 무렵, 반장 할머니는 선생님이 출강 중인 평생교육원 강좌에 등록했다며 함께 다닐 생각이 없냐고 물으셨다. 그즈음 수업에 빠지지 않고 나오는 사람은 나와 반장 할머니를 포함해 네 명뿐이었다. 수강생 중 연세가 가장 많은 왕할머니도 같은 강좌를 들으실 모양이었다. 나는 좀 더 고민해 보겠다고 말씀드렸다. 대중교통으로 평생교육원을 오가는 일이 쉽지 않았기 때문이다. 두 분은 다음 등록 기간에 다시 연락하겠다며 내 휴대전화 번호를 받아 가셨다. 돌아오는 봄에는 나도 합류할 작정이다. 그림도 그림이지만, 다시 막내의 기분을 누리고 싶다. 역시 아직은 귀염받고 싶은 나이인가 보다.

PART3

푸르고 말랑한 생활

예상치 못한 기쁨

 겨울이 한창인데 시골에서는 벌써 봄을 준비한다. 어제는 전정 작업을 했다. 오래된 감나무와 대추나무, 제법 자란 앵두나무와 자두나무, 여러 그루의 오가피나무 가지를 치고 한데 모아두었다. 다음 주에는 텃밭에 퇴비를 뿌릴 생각이다. 땅을 갈고 나면 흙이 부드러워진다. 봄비가 내려 촉촉해진 뒤에는 무얼 심어도 잘 자라는 땅이 될 것이다.

 봄을 기다리는 마음은 언제나 조급해서 하루에도 몇 번씩 흙과 나무를 들여다보게 된다. 추위가 고집스레 버텨도 봄바람은 기어이 언 땅을 녹이고 나뭇가지에 움을 틔운다. 무채색 풍경 덕에 연둣빛 새순의 존재감은 더욱 빛이 난다. 황량했던 마당에 생기가 도는 순간이다.

가장 먼저 자라는 것은 냉이와 달래다. 냉이는 어찌나 부지런한지 다른 식물들이 고개를 내밀 때쯤 벌써 꽃대 올릴 준비를 한다. 흙이 있는 곳이라면 가리지 않고 돋아나는데, 그런 냉이를 잡초 취급하는 사람도 많다.

우리 집에도 냉이는 잡초만큼 흔하다. 그런 줄도 모르고 시골에 온 첫해에는 마트에서 두 번이나 냉이를 사 먹었다. 텃밭과 마당에 지천으로 깔린 풀이 냉이였다는 사실을 알게 되었을 때쯤엔 이미 절반 이상이 꽃대를 달고 있었다. 어찌나 억울하던지 다음 해에는 보이는 대로 뽑아서 무치고, 국을 끓이고, 전도 부쳐 먹었다.

달래 역시 뒤늦게 발견했다. 부추 사이에 유난히 잎이 가느다란 녀석이 있다 싶었는데, 그게 바로 달래였다. 드문드문 솟은 달래를 뽑을 때마다 코끝이 알알할 만큼 맵싸한 향이 올라왔다. 겨우내 한곳에 응축돼 있던 날 선 공기가 앞다투어 뛰쳐나오는 느낌이었다.

달래를 캐면 간장, 설탕, 고춧가루, 깨를 넣은 다음 참기름 한 바퀴 둘러 양념장을 만든다. 달래장은 마른 김이나 찐 양배추에 곁들여 먹어도 좋고, 구운 두

부와 삶은 콩나물 위에 얹어 먹어도 좋다. 갓 지은 밥에 올려서 비벼 먹기도 하는데, 반찬 하나 없이 그릇을 뚝딱 비우게 만드는 맛이다.

갑자기 나타난 달래의 출처는 여전히 수수께끼다. 냉이처럼 오래전부터 났던 것인지 혹은 부추처럼 전 주인이 심어둔 것인지 알 수가 없다. 어딘가에서 씨앗이 날아와 자랐는지도 모른다. 어쨌거나 내가 심거나 가꾼 적이 없으니 말 그대로 횡재인 셈이다.

한 번 뿌리 내린 식물은 연금처럼 매해 돋아난다. 한 개체가 수십에서 수백 개의 씨앗을 떨구므로 복리 이자까지 붙는 최고의 상품이다. 액수로 따지자면 미미하겠으나 해를 거듭할수록 마구 불어나니 마음이 그렇게 든든할 수가 없다. 뜯고 씻고 말리고 우리고 삶고 절이는 수고쯤이야 아무것도 아닌 것이 되어 버린다.

텃밭은 이런 기쁨을 자주 선물해 준다. 일본 요리책에서나 봤던 자소엽이 자라고, 아무렇게나 버려둔 호박씨가 뿌리를 내린다. 발아에 실패한 줄만 알았던 수세미 씨앗 중 하나가 어느새 열매를 달고 있는가 하면, 수십 알을 심어도 소식이 없던 방풍이 다음

해에 싹을 올리기도 한다. 이렇게 감사한 우연이라니. 오랜만에 꺼내 입은 코트 주머니에서 만 원짜리 지폐를 발견한 기분이랄까.

낯선 풀을 마주치면 설레는 이유가 여기에 있다. 온갖 풀을 직접 맛보았다는 농사의 신, 신농씨의 마음이 되어 저게 혹시 나물은 아닐까, 나물이 아니라도 어디 쓸 데가 있지는 않을까 생각하게 된다. 설렘과 함께 찾아오는 것은 제법 심각한 갈등이다. 잡초라면 뽑아야 하고, 작물이라면 키워야 하는데 식물 까막눈으로서는 둘을 구분하기가 만만치 않기 때문이다.

이럴 때는 두 가지 방법이 있다. 첫 번째는 사진 검색 어플을 이용하는 것이다. 어플을 누르고 정체 모를 풀의 사진을 찍으면 단 몇 초 만에 비슷한 이미지들이 수백에서 수천 장까지 뜬다. 이 신통방통한 어플 덕분에 감자밭을 무섭게 점령해 가는 풀이 쇠비름이고, 고추밭에 섞여 자라는 풀은 까마중이라는 사실을 알았다.

물론 어플이 언제나 맞는 것은 아니다. 가끔은 엉뚱한 결과가 나오기도 하는데, 저 멀리 남미나 아프리카에서만 산다는 식물이 검색된 적도 있다(설마 그새

대한민국 시골에까지 퍼진 것은 아니겠지!). 그런 식물들은 어떻게 발음해야 하는지 짐작도 안 되는 이름을 가졌거나 심지어 학명만 뜬다.

어플이 통하지 않을 때는 두 번째 방법을 써야 한다. 시골살이를 하는 분들이 모여 있는 온라인 카페에 질문을 올리는 것이다. 그곳에서 활동하는 분들은 대개 연세가 지긋하신데, 식물 이름만 알려주는 법이 없다. 잡초라면 주의할 점과 쉽게 뽑는 요령을, 작물이라면 키우는 방식과 함께 알맞은 조리법까지 설명해 주신다. 내가 냉이를 골라낼 수 있게 된 것도 그분들 덕분이었다.

봄에는 냉이에 관한 질문이 자주 올라온다. 초보의 눈은 냉이를 제대로 가려내지 못한다. 어플은 이파리가 좀 비슷하다 싶으면 몽땅 냉이라고 판단해 버리니 결국 나처럼 시골살이 선배님들에게 봐달라고 하는 수밖에 없다.

역시나 냉큼 댓글이 달린다. 선한 오지랖을 장착한 분들이 나타나서 어플이 '냉이'로 뭉뚱그린 풀들을 냉이와 냉이 아닌 것으로 구분해 주고, 냉이를 다시 참냉이와 황새냉이, 말냉이로 구분해 준다. 사진 인식

프로그램은 감히 따라가지 못하는 정확도다.

냉이 아닌 것의 이름까지 알려주는 분도 있다. 저것은 꽃양귀비 싹, 저것은 지칭개, 하는 식이다. 그 댓글에는 꽃양귀비 싹과 지칭개가 냉이와 어떻게 다른지 알려주는 대댓글이 달리고, 지칭개도 먹을 수 있다는 대댓글이 또 달린다. 그러면 어김없이 요리 고수들이 등장한다. 지칭개를 언제 따서 어떻게 쓴맛을 우려내며 무슨 양념으로 무쳐야 맛있는지 알려주기 위해서다.

실제로 경험하며 체득한 지식은 인터넷의 바다에서 건져 올린 정보보다 믿음직하고 구체적이다. 그래서 나는 검색어를 입력하는 대신 사람에게 물어보는 옛날 방식을 좋아한다. 덤으로 각종 사연도 듣는다. 가난했던 어린 시절에 엄마랑 냉이를 캐서 온 가족이 죽을 끓여 먹었다는 이야기, 손가락이 쑤실 정도로 냉이를 캤는데 다듬기가 힘들어 이웃에 다 나눠주고 말았다는 이야기, 밭에 냉이가 빼곡하게 났으니 근처에 사는 분이 있으면 얼른 와서 캐 가라는 이야기….

인공지능이 등장한 시대에도 사람들은 서로에게 의지하며 산다. 생활뿐 아니라 생존을 위해서라도 모든 생명은 다른 존재를 필요로 한다. 누구도 완벽하게 홀로 설 수 없다는 사실은 서글픔과 동시에 안도감을 안겨준다. 고독을 바라지만 고립은 원하지 않고, 고립을 원할 때마저 단절의 두려움을 떨쳐내지 못하는 본성 탓인지도 모르겠다.

풀 한 포기도 물과 빛, 바람에 기댄다. 그러고 보면 내 눈앞에 나타난 것들 역시 우연이 아닌 필연의 산물이다. 식물은 종족 보존 본능으로 씨앗을 만들어 퍼뜨리고, 잠들어 있던 씨앗은 발아하기 알맞은 온도와 습도가 되었을 때 깨어난다. 나에게는 뜻하지 않게 일어난 일이지만, 실은 인과율에 어긋남이 없는 당연한 결과였던 것이다. 그래서 더욱 감사하게 된다. 생에 대한 강력한 의지와 그 의지를 돕는 자연의 법칙에, 아름다운 이치에 따라 찾아온 예상치 못한 기쁨에.

시골집 짝꿍

개를 데리고 나갈 때는 항상 옆 마을로 간다. 작은 개천을 건너자마자 나오는 이 마을은 우리 마을에 비해 도로와 멀고 산과는 더 가깝다. 그래서인지 한층 아늑해서 산책하기 딱 좋다.

매일 다니다 보니 이제 옆 마을 어르신들과도 얼굴이 익었다. 한번은 사다리 위에서 장대로 감을 따고 있는 분을 만났다. 이미 가을이 깊어 나무에 달린 감은 죄다 홍시가 된 상태였다. 그 달콤하고 부드러운 맛을 떠올리자마자 대책 없이 입안에 침이 고였다.

나무 아래 서 계시던 할머니가 내 맘을 읽은 것처럼 금방 딴 홍시 두 알을 건네셨다. 어찌나 잘 익었는지 갓난아기 어르듯 조심조심 들고 왔는데도 한 알은 터지고 말았다. 그릇에 담아 싹싹 긁어 먹고, 나머지 한 알까지 먹어 치웠다. 그러고도 숟가락을 놓기 싫을 만큼 맛이 좋았다.

우리 마당에도 감나무가 있다. 언제 심은 건지 모르겠지만 꽤 크고 감도 많이 달린다. 텃밭 구석에도 감나무 한 그루가 있는데 거기에는 대봉감이 열린다. 이 감이건 저 감이건 우리 식구들은 거의 먹어보지 못했다. 감을 좋아하지 않는 남편이랑 아이는 아쉬울 게 없겠지만 나는 분통이 터졌다.

첫해에는 깍지벌레가 문제였다. 언제부터인가 이파

리와 가지에 희끗희끗한 것이 보이더니 시간이 지날수록 그 수가 늘어났다. 어떤 가지는 아예 하얗게 보일 정도였다. 아주 작은 솜뭉치처럼 생긴 알갱이들이 다닥다닥 붙어 있었는데, 그게 전부 깍지벌레의 알주머니라고 했다.

집수리에 바빠서 신경을 쓰지 못하는 동안 감나무는 깍지벌레에게 점령당했다. 녀석의 정확한 이름은 감나무주머니깍지벌레였다. 알주머니에서 나온 약충은 성충으로 자라 알을 낳았고, 알에서 또다시 약충이 태어났다. 실로 엄청난 숫자였다. 감이 꽤 많이 열렸지만, 깨끗한 것은 거의 없었다. 옆집 어르신 말씀으로는 심하지 않으면 닦아내고 먹어도 된다는데, 깍지벌레 퇴치법을 찾아보면서 확대 사진을 너무 많이 본 탓인지 입맛이 싹 달아나 버렸다.

텃밭에 있는 대봉 감나무는 무슨 이유인지 이파리도 별로 나지 않고 꽃도 안 피더니 감이 딱 하나밖에 열리지 않았다. 따지도 못할 만큼 높은 곳에 달린 터라 결국 그해 감 수확은 포기하고 말았다.

맛은 보지 못했지만, 나무에 매달린 감들은 붉은 기운을 더해가며 입 대신 눈을 즐겁게 해주었다. 겨울이 오고 마당이 황폐해질수록 주홍빛은 선명해졌다. 기다란 꽁지를 단 물까치들이 떼 지어 날아와 본의 아니게 넉넉히 남겨둔 까치밥을 먹곤 했다. 창밖으로 그 모습을 보는 게 좋았다. 시끄럽게 울면서 소란을 피우고 고양이 밥그릇을 뒤엎어도 장난기 많은 아이를 보듯 너그러워졌다.

함박눈이 내리던 어느 날에는 직박구리 두 마리가 찾아왔다. 둘 다 배가 고팠는지 눈을 맞으면서도 홍시 속살을 파먹느라 정신이 없었다. 앙상한 나뭇가지와 동그란 감, 새들의 날개 위로 떨어지는 눈을 감상하는 오후는 무척이나 특별해서 오래도록 기억에 남았다.

해가 바뀐 뒤에도 감나무의 수난은 계속됐다. 나무껍질 속에 붙어 겨울을 난 깍지벌레, 새로 난 잎과 줄기만 공략하는 진딧물 무리까지 기승을 부렸다. 감나무가 죽을까 봐 옆집 어르신에게 얻은 약을 쳤다. 약이 효과가 있었는지, 아니면 그저 기분 탓이었는지 벌레들이 조금 잠잠해진 것도 같았다.

연둣빛 감잎은 시간이 지날수록 진한 녹색으로 변하며 두터워졌고, 연노랑 감꽃이 피었다. 꽃의 양으로 봐서는 감이 풍성하게 달릴 것 같았다. 대봉 감나무도 전해와 달리 열매를 꽤 맺을 태세였다. 여름이 되자 감꽃 안에 맺힌 열매가 보였다. 꽃이 너무 많이 핀 탓에 낙과가 잦았는데, 『오늘도 나를 대접합니다』를 쓴 강효진 작가님 덕분에 이렇게 떨어진 감을 '감똑'이라고 한다는 사실을 알게 되었다. 이름처럼 앙증맞은 감똑을 마당 수돗가에 모아놓고 보물 보듯 구경하곤 했다. 감은 점점 커져서 탁구공만 해졌다. 반들반들 윤이 나는 열매에 정신이 팔린 사이, 높은 가지에 달린 잎들이 누렇게 변하기 시작했다. 처음에는 별일 아닌 줄 알았다. 그냥 시든 것이겠거니 했는데, 그런 이파리들이 기하급수적으로 늘었다.

  영문을 알 수 없어 발을 동동거리던 어느 날, 쌍살벌 대여섯 마리가 눈에 띄었다. 벌들은 시들시들한 감잎 앞에서 떠날 줄을 몰랐다. 가까이 갔다가 물러나고 또 다시 다가가기를 반복했다. 기다란 전지가위로 가지 끝을 잘라내 보니 거미줄 같은 것에 싸여 있는 이파리 안에 송충이를 닮은 애벌레들이 빽빽하게 누워 있었다. 어림잡아도 오륙십 마리는 되는 듯했다. 벌들은 그 애벌레를 물어가려고 그렇게 안달복달했던 것이다.

그즈음 뉴스 기사가 나왔다. 미국흰불나방 유충 때문에 여기저기서 골치를 앓는다는 내용이었다. 수목원에는 비상이 걸렸고, 도심 가로수와 조경수의 피해도 막심하다고 했다. 사진을 보니 우리 감나무에 있는 바로 그 벌레였다.

미국흰불나방 유충은 부화하자마자 가느다란 실을 토해내서 잎을 감쌌다. 천적을 막기 위한 조치였다. 그 안에서 이파리를 갉아먹고 살다가 몸집이 커지면 밖으로 나와 상상을 초월하는 속도로 잎을 먹어 치웠다. 먹을 것이 없으면 다른 나무로 옮겨 갔다. 그런 식으로 수없이 많은 나무를 초토화했다.

미국흰불나방 유충이 훑고 간 감나무에는 단 하나의 이파리도 남지 않았다. 잎이 사라지면서 열매도 모두 떨어졌다. 대봉 감나무 역시 똑같은 상황이었다. 어쩔 수 없이 지난겨울은 허전했다. 까치밥을 한 알도 달지 않은 앙상한 감나무 때문이었다. 눈이 오는 날이면 어김없이 창밖을 봤지만, 어딘지 모르게 운치가 부족한 느낌이었다. 먹을 게 없어서인지 새들도 찾아오지 않았다.

올해는 반드시 감을 수확하겠다는 각오로 봄부터 수선을 떨었다. 동네 농약사를 오가며 깍지벌레 약을 치고, 틈이 날 때마다 미국흰불나방 유충이 든 이파리를 찾아서 솎아냈다. 정성이 통했는지 마당 감나무도, 텃밭 감나무도 제법 많은 열매를 달았다. 한 차례 감똑이 지고, 장마가 지나갔다. 야무지게 살아남은 감들은 여름 햇살을 받아먹으며 하루가 다르게 커졌다. 충해로 가지 몇 개를 더 잘라내야 했지만, 대부분 가을까지 잘 자랐다.

  친구네 가족이 집에 놀러 온 날, 아이들과 함께 감을 수확했다. 세 아이는 낮은 가지에 달린 감을 따고, 감이 가득 든 바구니를 부지런히 날랐다. 낑낑대면서도 저마다 열심이었다. 어른들이 감을 깎아주면 마음에 드는 것을 골라 곶감걸이에 꽂았다. 마스킹 테이프에 이름을 적어 붙이는 것도 잊지 않았다. 맛있는 곶감이 완성되면 집으로 보내주겠다고 아이들에게 약속했다. 친구의 아이들은 자기가 직접 따서 말린 곶감을 맛볼 것이다.

  텃밭에서 딴 대봉감은 작은 항아리에 차곡차곡 담아 광에 두었다. 겨우내 하나씩 꺼내 먹으려 한다. 나

만큼이나 홍시를 좋아하는 엄마와 나눠 먹을 생각, 빛깔 고운 보자기에 싸서 고마운 분들에게 선물할 생각을 하면 벌써 행복해진다.

남편은 툭하면 감나무를 자르고 좀 더 쓸모 있는 과실수를 심자고 말한다. 아이도 귤이나 체리를 키우고 싶다며 감나무를 박대한다. 나는 감나무를 포기할 수 없다. 이 집을 처음 봤을 때 단박에 마음이 갔던 이유 중 하나가 마당을 지키고 서 있는 감나무였다.

감나무는 정겨운 시골 풍경을 완성하는 마지막 조각이다. 멋스러운 상록수나 아름다운 꽃나무도 그 자리를 대신할 수 없다. 그래서일까. 이 마을, 저 마을을 돌아봐도 감나무가 없는 집은 찾기 어렵다. 꽃들이 해를 찾아 목을 길게 빼야 할 만큼 짙은 그늘을 드리우고, 추워지면 두툼한 이파리를 떨궈 청소할 거리를 잔뜩 만들어 내지만, 시골집 짝꿍은 누가 뭐래도 감나무다.

꽃을 나누는 마음

아주 오래전, 퇴근길에 꽃 한 다발을 샀다. 유난히

우울한 날이었다. 버스를 타야 했는데 정류장을 지나쳐 그냥 걸었다. 요란하게 빛나는 간판과 와자지껄한 사람들, 버려진 담배꽁초로 가득한 거리에 꽃을 파는 트럭이 있었다. 장미는 한 단에 3천 원이라고 했다. 나는 잠시 망설이다가 주황색 장미를 골랐다. 아저씨가 신문지에 돌돌 말아준 장미를 받아 들고 다시 걸었다. 기분이 조금 나아진 것 같았다.

  그날 나는 왜 꽃을 샀을까. 이제 와서 생각해 보니 그런 데 돈을 써보고 싶었던 것 같다. 아빠가 세상을 떠나고, 몇 년 뒤에 연 엄마의 가게가 잘 안 되기 시작하면서 집안 사정은 급격히 나빠졌다. 넉넉하게 산 적은 없지만, 그렇게 시도 때도 없이 돈 걱정을 하게 될 줄은 몰랐다. 출판사에 취업한 뒤로 형편은 조금 나아졌다. 적은 금액이나마 꼬박꼬박 들어오는 월급은 큰 힘이 되었다. 그래도 분명한 용도가 없는 것, 그러니까 꽃 같은 것에 돈을 쓸 정도는 아니었다. 3천 원어치 빵이나 귤은 잘 사면서 꽃을 사는 일은 왜 그리 어려웠는지.

  이후에도 나에게 꽃은 사치품이었다. 꽃 선물을 받으면 기분이 좋았지만, 경제 공동체인 남편이 사 온 꽃은 그리 달갑지 않았다. 입으로는 고맙다고 하면서 속으로는 '이 돈이면 딸기가 다섯 팩, 삼겹살이 두 근, 아이 운동화가 한 켤레…' 셈하느라 바빴다. 시골집을 산 뒤에도 텃밭을 가꿀 준비만 했지, 먹지도 못하는 꽃을 심을 생각은 별로 없었다. 그런데 지금은 꽃을 더 열심히 키운다. 텃밭 일은 미뤄도 꽃밭 일은 미루지 않는다. 꽃 한 송이가 주는 기쁨을 알아 버렸기 때문이다.

너무 좋아하게 된 탓일까. 꽃은 노련하고 까다로운 연인처럼 나를 애타게 했다. 텃밭 일은 시간이 지날수록 요령이 생겼지만, 꽃만큼은 마음대로 되지 않았다. 관심이 지나치면 독이 된다고 들어서 일부러 무심한 척하기도 했다. 어느 쪽이든 결과는 별로였다. 집에 놀러 오는 사람들에게 각양각색의 꽃이 만발한 마당을 보여주고 싶었는데, 나의 원대한 목표는 매번 실패로 돌아갔다.

주먹구구식으로 접근한 게 문제였다. 처음에는 씨앗을 뿌리고 물만 주면 무조건 싹이 나는 줄 알았다. 흙 위로 뭔가 올라온다 싶을 때마다 환호했지만, 십중팔구는 잡초였다. 깨풀을 꽃으로 착각해서 무릎 높이에 달할 때까지 애지중지 키운 적도 있다. 운 좋게 싹이 나면 그대로 두지 못했다. 꽃대가 올라오기 전에 더 좋은 자리로 옮기겠다며 극성을 부리다가 저세상으로 보내곤 했다. 결국 파종을 포기하고 모종을 심었다. 종묘상과 화원을 드나들며 돈을 바쳤다. 마가렛, 비덴스, 오이풀, 가자니아, 폼폰국화…. 저마다 예뻤는데 지금껏 살아남은 꽃은 얼마 되지 않는다.

이런 못난 주인에게도 적응하는 무던한 꽃들이 있어 고마울 뿐이다. 지난봄에는 작약과 동자꽃을 심었다. 가을에 심어둔 구근에서 무스카리와 튤립, 알리움도 올라왔다. 수레국화와 버들마편초가 알아서 자랐고, 플록스는 한층 풍성해졌다. 봉숭아는 지천으로 번졌다. 아무리 기다려도 싹이 나지 않던 금화규가 어느 날 불쑥 솟아서 해사한 자태를 뽐내기도 했다. 쑥부쟁이는 넉넉하게 피어 오래도록 마당을 빛냈다. 내가 상상한 꽃밭에는 미치지 못하지만 분명 조금씩 나아지고 있다.

시골은 때마다 꽃 천지다. 추위가 가시면 매화를 시작으로 목련과 벚꽃이 핀다. 산에는 진달래가, 길가에는 철쭉과 영산홍이 있다. 냉이꽃이 들판을 뒤덮고,

산사나무와 이팝나무도 새하얀 꽃을 피운다. 봄맞이꽃이 핀 땅은 누군가가 은하수를 한 움큼 집어 와 뿌려놓은 것처럼 반짝거린다. 발그레한 복사꽃은 한낮의 벌을 부르고, 저녁이 되면 수천수만의 밤꽃으로 이루어진 거대한 샹들리에가 길을 밝힌다.

여름이 올 무렵에는 온통 애기똥풀이다. 천변과 두둑, 가파른 산비탈에도 노란 꽃이 무더기로 피어 있다. 걷다 보면 담벼락에 늘어진 능소화와 파수꾼처럼 서 있는 해바라기를 만난다. 길가에는 봉숭아와 도라지꽃이 있고, 분홍색 낮달맞이도 자주 눈에 띈다. 한여름의 장관은 흐드러지게 핀 수국이다. 바람에 천천히 흔들리는 커다란 꽃송이가 얼마나 우아한지!

고왔던 수국이 색을 잃고, 코스모스가 피었다 지는 동안 가을이 깊어진다. 바람이 쌀쌀해질 때까지 버텨 주던 여름꽃들이 지고 나면 구절초, 쑥부쟁이 같은 다양한 종류의 국화가 계절을 장식한다. 천일홍은 서리가 내릴 때까지 피지만, 국화는 함박눈도 맞는다.

그리고 겨울이 온다. 땅과 나무가 잠시 숨을 돌리고 나면 다시 봄, 꽃들의 향연이 시작되는 시간이다. 사방이 꽃이라서 모른 척 지나갈 수 없다. 자세히 보다 보면 이름이 궁금해지고, 이름을 알게 되면 애정이 생긴다. 고된 세상에서 마음을 쏟을 대상이 있다는 사실은 그 자체로 위안이 된다.

돈을 지불하지 않아도 자연은 이토록 많은 것을 누리게 해준다. 바람으로 꽃씨를 나르고 햇살로 양분을 주면서 수많은 들꽃을 키운다. 사람은 무엇이든 줄을 세우기 좋아해서 꽃조차 가치를 따지고 등급을 매기지만, 야생화라고 해서 아름다움이 덜한 것은 아니다. 꽃마리, 봄까치꽃, 나도냉이, 누운주름잎, 광대나물꽃, 우단동자, 새깃유홍초…. 무심코 지나치기 쉬운 이 작은 꽃들 덕분에 시골 풍경은 더 촘촘하고 다채롭다.

눈만 돌리면 꽃이 있는데, 시골 어른들은 마당에 또 꽃을 심는다. 아무리 낡고 허름해도 꽃 한 송이 없는 집은 없다. 슬레이트 지붕 아래로 노란 장미가 만발하고, 거뭇한 담장을 따라 붓꽃이 물결을 이룬다. 자갈이 덮인 마당에는 채송화가, 디딤돌 옆으로는 꽃잔디가 깔려 있다.

텃밭 한쪽에서도 꽃들이 자란다. 깨밭 구석을 차지한 꽃양귀비, 줄기를 뻗어가는 호박 곁에 선 접시꽃을 보면서, 농사를 짓느라 허리가 굽은 할머니들의 소녀 같은 마음을 생각한다. 빽빽하게 채소를 심으면서도 꽃을 포기하지 않는 것이야말로 진정한 낭만이 아닐까.

부지런한 분들은 집 밖에도 화단을 둔다. 계절이 바뀔 때마다 씨를 뿌리고, 채종을 하고, 구근을 심었다가 다시 거둔다. 나 혼자 보지 않고 남과 함께 보기 위해 그토록 많은 정성을 쏟는다. 덕분에 나는 힘도 들이지 않고 백합과 여우꼬리 맨드라미, 에키네시아를 감상한다.

지난여름, 앞집 아주머니가 두 손에 무언가를 받쳐 들고 오셨다. 동그랗게 오므린 손안에는 두어 줌의 흙이 담겨 있었다. 그 위로 쌀알만 한 새싹들이 보였다. 마을 끄트머리에 있는 집에서 얻은 걸 조금 나눠 가져오신 거라고 했다.

"꽃이라는데 한번 심어볼텨? 뭔 꽃인지는 몰러."

공짜로 얻는 꽃이라니 거절할 이유가 없었다. 싹은 귀한 보물이라도 되는 듯 손에서 손으로 조심스레 옮겨졌다. 아주머니에게 받은 싹을 모두 심고 나서 별채 앞에 있는 메리골드 싹 다섯 개를 삽으로 떠냈다. 앞집 마당에 가보니 아주머니도 내게 나눠 주신 싹을 심고 계셨다. 내가 받았던 것처럼 아주머니 두 손에 메리골드 싹을 드리고 돌아왔다.

이름 모를 싹은 부지런히 자라 분홍색 꽃이 되었다. 매일 꽃이 핀다는 일일초였다. 일일초는 우리 집에도, 앞집에도, 옆의 옆집과 그 앞집에도 있었다. 마을 끄트머리 집 할머니의 인심 덕분이었다. 꽃을 나누는 마음은 그처럼 아름다운 풍경을 만들어 냈다.

남에게 자랑할 만한 꽃밭을 만들겠다는 욕심은 이제 내려놓으려 한다. 꽃은 보고, 가꾸고, 나누는 그 자체로 충분한 행복을 준다는 사실을 잠시 잊고 있었다. 목표를 하향 조정해서인지 마음이 한결 가볍다.

작고 네모난 우주

개미는 우리 마당에서 가장 기세등등한 생물이다. 숫자도 그렇지만, 그 영향력이 엄청나다. 나에게는 눈엣가시 같은데, 진딧물을 여기저기 옮겨놓는 통에 식물들이 몸살을 앓기 때문이다. 진딧물 무리는 막 돋아난 여린 잎을 공략한다. 눈에 보이는 족족 잡아내긴 하지만, 다음 날이면 귀신같이 늘어나 내 성질을 돋운다.

시골에서 처음 맞은 봄, 아스틸베 꽃망울 사이사이를 파고든 진딧물과 꽃대가 휘어질 정도로 매달려 있는 개미를 보자 갑자기 화가 치밀었다. 나비 애벌레나 길고양이 때문에 텃밭 작물이 상한 적도 있지만, 그런 건 참을 수 있었다. 상추 몇 포기쯤은 그냥 사먹어도 된다. 하지만 꽃은 몇 주, 심지어 단 며칠의 기쁨을 위해 목이 빠지도록 기다리는 귀하디귀한 존재였다. 나는 동네 농약사로 달려가서 사장님께 외쳤다.

"진딧물 약 좀 주세요!"

진딧물이고 개미고 다 없애 버리겠다는 생각에 조금 흥분한 상태였다. 머리카락을 보글보글 볶은 사장님은 나를 진정시키듯 어떤 작물에 무슨 벌레가 생긴 거냐고 물으셨다.

"꽃에 진딧물이랑 개미가 너무 많아서요."

계산대 위에 캔 음료만 한 작은 플라스틱병이 놓였다.

"어디 살아요? 이름이랑 전화번호도 알려주세요."

키보드 위에 손을 올린 사장님의 표정이 갑자기 용의자를 취조하는 형사라도 된 것처럼 비장해 보였다. 그런 건 왜 물으시나 싶어 멈칫했더니, 농약 판매 시에는 무조건 구매자의 신상을 기록해야 한다고 했다. 덜컥 겁이 났다. 온라인 사이트에서 파는 분무 약 같은 걸 생각하고 왔는데, 지금 사고 있는 게 진짜 농약이구나 싶었다.

"물 한 말에 20cc 넣으면 돼요."

사장님은 유성 매직을 꺼내 약병 위에 사용법을 적으며 말씀하셨다. 우물쭈물하면서 주소를 읊는 내가 농사 초보임을 간파하신 듯했다. 안 그래도 '이걸 어떻게 써야 하나.' 같은 생각을 하던 중이었다. 멍하니 서 있는 나에게 사장님이 다시 한 번 강조하셨다.

"등에 메는 통 있죠? 그게 한 말이에요. 거기에 물 넣고, 이 약을 20cc 섞어서 뿌리세요."

"네…."

등에 메는 통이요? 옆구리에 기다란 레버 같은 게 달린 통 말씀이신가요? 석유통처럼 생긴 그거요? 입 밖으로 튀어나오려는 말을 삼키고 가게를 나왔다. 검색을 해보니 농약을 살포할 때는 전용 마스크와 고글, 피부를 다 가리는 옷이 필수라고 했다. 고작 진딧물을 없애기 위해 그렇게 독한 약을 뿌리는 게 맞는지 의문이 들었다. 대용량 분무기에 약을 몇 방울만 떨어뜨려서 쓰면 안 되려나? 그냥 인터넷으로 분무약이나 주문할까? 목초액이나 난황유 같은 걸 만들어서 뿌려볼걸 그랬나? 나는 이러지도 저러지도 못한 채 창고 깊숙한 곳에 농약을 넣어 두었다. 농약은 지금도 그 자리에 있다.

다행히 아스틸베는 잘 자랐다. 약을 치지 않았다고 해서 마당이 진딧물 천지로 변한 것도 아니고, 개미가 더 늘지도 않았다. 이 작은 마당의 생태계에도 나름의 질서가 있는 모양이다.

어린 줄기와 새순의 일부는 여전히 진딧물 차지다. 개미들은 진딧물의 단물을 먹기 위해 오고, 무당벌레는 진딧물을 먹기 위해 날아온다. 그런 무당벌레를 먹기 위해 날아오는 파리매도 있다. 파리매는 개구리의 먹이가 된다. 텃밭이 달린 우리 집 마당에는 참개구리가 무척 많은데, 녀석들은 고맙게도 각종 해충을 먹는다. 문제가 하나 있다면 간혹 개구리의 포식자인 뱀까지 찾아온다는 점이다. 최종 보스는 뱀이 아니라 그 뱀을 잡는 인간일 것이다. 작고 네모난 이 우주 안에서 수많은 생명이 태어나고, 죽고, 또다시 태어난다. 자연의 이치임을 알면서도 때로는 어쩔 수 없이 안타깝고 슬프다.

  더위가 한창이었던 어느 날, 우리 마당을 오가며 밥을 먹곤 했던 고양이 연치가 새끼 두 마리와 함께 나타났다. 연한 치즈 빛깔이어서 연치라는 이름을 갖게 된 그 고양이는 밥이 없으면 현관문 앞에서 크게 울곤 했다. 그 소리가 어찌나 우렁찬지 "얼른 밥을 내오거라!" 하고 고함을 치는 느낌이었다. 참 뻔뻔하다 싶었는데 이제 새끼들까지 데려와서 먹일 모양이었다.
  연치의 새끼들은 어미를 꼭 닮은 색깔과 무늬를 가지고 있었다. 고양이 작명이 취미인 아이는 녀석들을 보자마자 호박이와 강냉이라는 이름을 붙여주었다. 꽤 어울리는 이름이었다.
  연치, 호박이, 강냉이는 마당 한구석에 있는 빈 개집을 차지했다. 안에서 꼭 붙어 잠을 자고, 깨어 있을 때도 그 주위를 떠나지 않았다. 그 개집은 남편이 본채와 똑같은 재료로 신경 써서 만든 것이었는데, 섭이를 집 안에 두기로 결정하면서 주인 없이 방치된 터였다. 그렇게 마당 고양이 식구가 늘었다. 터줏대감이나 다름없는 초코의 묵인 덕분이었다.

연치도 그렇지만 호박이와 강냉이도 경계심이 무척 강했다. 우리가 멀찍이 떨어져 있어야만 집에서 나오는 통에 밥그릇을 놓고 몰래 숨어 지켜봐야 했다. 부엌이나 안방 창문으로 새끼 고양이들을 구경하는 것이 그즈음의 큰 즐거움이었다. 걱정이 있다면 하루가 다르게 크는 호박이와 달리 비실비실한 강냉이의 건강 상태였다.

3주가 지나자 호박이와 강냉이의 덩치 차이가 눈에 띄게 커졌다. 아무래도 안 되겠다 싶어 고양이용 영양제를 주문했다. 남편은 닭을 고아 주기도 하고, 달걀을 삶아서 노른자를 으깨 주기도 했다. 그래도 강냉이는 먹는 게 별로 없었다. 잘 움직이지 않았고, 걸을 때도 조금씩 비틀거렸다.

볕이 유난히 뜨거운 아침, 아이와 함께 나간 남편이 나를 불렀다. 대문 앞에 강냉이가 쓰러져 있다고, 아이를 등교시키고 올 때까지 지켜봐 달라고 했다. 눈을 감은 채 숨을 몰아쉬는 강냉이 곁에서 호박이와 연치가 한없이 울었다. 나는 아무것도 해주지 못했다. 입 주변에 물을 조금 묻혀 주었지만, 강냉이는 반응이 없었다. 그리고 얼마 안 있어 움직임을 멈췄다. 남편은 마당 한쪽에 구덩이를 깊이 판 뒤 강냉이를 묻어 주었다. 그때까지도 강냉이는 두 손바닥 위를 거의 벗어나지 않을 만큼 작은 크기였다.

그 뒤로 연치와 호박이는 우리 집에 다시 오지 않았다. 강냉이의 죽음이 떠올라서일까? 죽은 강냉이를 데려간 우리가 원망스러운지도 모르겠다. 다행히 둘은 잘 살고 있다. 몇 년이 지난 지금도 산책 중에 종종 만나곤 한다.

우리는 강냉이의 무덤에 칸나를 옮겨 심었다. 언제나 그렇듯 소멸의 자리는 다시 생명의 근원이 되어 많은 꽃을 피워냈다. 세상모르고 탐스러운 칸나를 볼 때마다 조그맣고 조그맣던 강냉이가 생각난다. 지금은 고양이별에서 맛있는 간식을 마음껏 먹으며 지내고 있겠지.

콩을 심는 방법

이웃 할머니 한 분이 검은색 비닐봉지를 건네주셨다. 안에는 기다란 콩꼬투리가 가득 들어 있었다. 밭에서 방금 딴 거라고 하셨다. 꼬투리 하나를 모로 누르자 기다란 틈새로 가지런히 박혀 있는 울타리콩들이 보였다. 하얀 바탕에 붉은색 얼룩무늬가 있는 콩은 정성껏 연마한 보석처럼 매끈했다.

  콩꼬투리를 앞에 두고 앉으니 아이가 "나도 할래!"를 외쳤다. 우리는 머리를 맞댄 채 부지런히 손을 놀렸다. 잘 익은 꼬투리는 만지기만 해도 벌어졌지만, 설익은 것들은 고집스레 옷깃을 여민 채 좀처럼 속을 보여주지 않았다.

  아이는 제법 열심이었다. 꼬투리가 잘 열리지 않으면 끙끙댔고, 툭 벌어지면 환호했다. 미처 자라지 못한 콩을 발견하면 아기 콩이라면서 꼭 내게 보여주었다. 나에게는 단순하고 반복적인 작업일 뿐인데 아이에게는 그렇지 않은 모양이었다. 제멋대로 튀어 나가는 콩에 깔깔거리고, 주우러 가면서 킥킥대고, 심지어 벌레가 나와도 박장대소하는 녀석 덕분에 지루할 틈이 없었다.

  어느덧 콩깍지가 수북하게 쌓였다. 콩도 두 대접이나 나왔다. 크게 한 움큼 집어 물에 담그고 나머지는 냉동실에 넣었다. 저녁밥을 지을 때 넣을 생각이었는데, 조금 게으름을 부렸더니 어느새 뿌리가 나기 시작했다. 먹지 못할 만큼 작고 단단해서 싱크대에 버려둔 것들마저 새하얀 뿌리를 달고 있었다. 그냥 떼어내고 먹을까 하다가 싹이 많이 난 것들을 골라 텃밭에 심어보기로 했다. 수확하는 시기에 파종이라니, 말 그대로 재미 삼아 심는 것이었다.

콩을 심자는 말에 달려온 아이는 모종삽으로 땅을 파고 싹이 난 강낭콩을 하나씩 집어넣은 다음 흙을 덮어주었다. 물도 야무지게 뿌렸다. 그러고는 다음 날부터 수시로 그곳을 드나들기 시작했다. 나도 틈이 날 때마다 텃밭을 기웃거렸다.

어린 시절 학교에서 강낭콩을 키운 적이 있다. 물 먹인 솜을 샬레에 깔고 강낭콩을 올린 다음 볕이 드는 창가에 두면 하루가 다르게 쑥쑥 자랐다. 샬레에는 각 분단의 이름이 적혀 있었다. 아이들은 매일 아침 교실에 도착하자마자 창가로 달려가 어느 분단에서 키우는 강낭콩이 가장 큰지 살펴보았다. 관찰 일기를 작성하기 위해 일주일에 한 번씩 강낭콩의 키를 재고 그림을 그리기도 했다. 매번 이파리만 그리다가 꽃을 그리거나 콩꼬투리를 그리게 되는 날이면 손이 신나게 움직였다. 저 조그만 콩꼬투리가 언제쯤 통통해질까 궁금해서 수업 시간에도 자꾸만 창가 쪽을 훔쳐보던 기억이 난다.

그런 기분을 한참이나 잊고 살았다. 싹을 신기해하고 꽃에 설레다가 열매를 보며 감동하는 마음을 되찾은 것은 텃밭 덕분이었다. 뿌린 대로 거두기란 쉽지 않았다. 온통 구멍이 뚫린 잎사귀와 속절없이 말라가는 줄기를 보면서 실망한 적이 많지만, 초보 농사꾼의 엉성한 손길에도 잘 자라주는 녀석들이 있었다. 콩이 딱 그랬다.

산책을 하다 보면 밭두둑이나 비탈에 심긴 것은 대부분 콩이다. 번듯한 자리를 내주지 않아도 콩들은 불평 없이 자란다. 옛날에도 콩은 주인이 없는 척박한 땅이나 논두렁에 심었다. 그렇게 하면 소작료를 따로 내지 않아도 되는 까닭이었다. 콩을 추수하는 계절이 되면 농부들은 멀리 심어둔 콩을 누가 따가지는 않을까 걱정이 되어 일에 집중하지 못했는데, 그래서 "마음이 콩밭에 가 있다."라는 속담이 생겼다고 한다.

그에 비하면 아이와 함께 심은 콩은 꽤 귀한 대접

을 받은 셈이다. 빈자리가 많은 가을 텃밭, 그중에서도 가장 볕이 잘 드는 자리를 차지했으니. 흙에도 거름기가 많았다. 무얼 심든 쑥쑥 자라는 곳이었는데, 웬일인지 싹은 보이지 않았다.

며칠이 지났을까. 유난히 일찍 눈이 떠진 날이었다. 평소처럼 문을 열었는데, 텃밭에 앉아 있던 새들이 한꺼번에 날아오르며 요란한 소리를 냈다. 콩이 싹을 틔우지 않았던 이유를 그제야 알았다. 땅 위로 얼굴을 내미는 족족 새들의 먹잇감이 된 것이다.

식물 가꾸기를 좋아하는 사람들의 커뮤니티에 이 사연을 전했다. 그랬더니 누군가가 자신의 할머니 이야기를 들려주었다. 그분의 할머니가 말씀하시길, 콩은 한자리에 세 개씩 심는 거란다. 하나는 새가 먹고, 또 하나는 벌레가 먹고, 남은 하나는 사람이 먹도록 말이다.

그 지혜와 아량에 새삼 감탄했다. 천지인 사상은 그저 학문이나 교리가 아니라 사람들의 생활에 스며 있는 일종의 습관이었던 모양이다. 곡식 낱알을 심으면서 하늘과 땅속에 사는 존재까지 생각하는 마음은 어떻게 해야 가질 수 있을까. 배고픈 시절을 살아낸 분들이 어쩌면 그렇게 너그러울 수 있는 걸까.

나는 재미로 콩을 심은 헐렁이 농부이므로 매일 방문하는 새들을 눈감아주기로 했다. 새들은 얄미운 콩 도둑 대신 반가운 아침 손님이 되었다. 그토록 많은 손님이 다녀갔음에도 스무 알 가까운 콩들이 무사히 자라났다. 연둣빛 싹은 단단한 콩알을 쪼개고 나왔다는 사실이 믿기지 않을 만큼 여리디여렸다. 채 마르지 않은 날개를 달고 있는 나비의 모양새였다. 기다란 화분에 옮겨 심어 창가에 두었더니 제법 그럴듯했다.

모두 살아남지 못하더라도 하나쯤은 쑥쑥 자라 꽃을 피울 것이다. 꼬투리 안의 콩들은 햇빛과 물과 바람의 힘으로 살이 오르고, 그렇게 콩 한 알은 금세 수십 알로 불어날 것이다. 자연은 언제나 넉넉하게 돌려준다. 다음은 내가 돌려줄 차례다. 내년에는 콩을 꼭 세 알씩 심어서 새들이랑 벌레들이랑 사이좋게 나눠 먹어야겠다.

잡초와의 전쟁

 장마가 끝나고 나면 텃밭은 밀림을 방불케 한다. 비는 모두에게 공평히 내렸을 텐데 작물이 한 뼘 자라는 동안 잡초는 세 뼘 자라는 느낌이다. 새로 수확할 만한 가지가 있는지, 토마토는 어느 정도 익었으며 고추는 또 얼마나 달렸는지 확인하기 위해서는 수풀과 거미줄을 헤치고 들어가야만 한다. 우거진 잡초에 둘러싸인 작물들은 기죽은 포로처럼 애처롭게 서 있다. 녀석들을 살리려면 다른 방법이 없다. 바야흐로 잡초와의 전쟁이 시작된 것이다.

 잡초를 대하는 자세는 크게 공격형과 수비형으로 나눌 수 있다. 공격형은 땅이 녹기 시작할 무렵 일찌감치 제초제를 친다. 요즘 나오는 제초제는 토양에서 자연 분해가 된다지만, 누렇게 변하면서 바싹 말라가는 식물을 보면 찜찜한 기분을 떨칠 수가 없다. 제초제를 뿌린다고 해서 잡초를 완전히 제거할 수 있는 것도 아니다. 선봉대를 물리치면 후발대가 몰려온다. 주기적으로 약을 쳐야 한다는 뜻이다. 식초와 소금, 주방세제 등으로 천연 제초제를 만들어 사용하는 사람도 있는데, 번거로운 것은 물론이고 효과를 장담할 수 없다는 단점이 있다.

화학적인 방법에 거부감이 든다면 물리적 방법을 써야 한다. 이랑에는 멀칭 비닐을, 고랑에는 제초 매트를 깔아서 아예 잡초가 나지 않도록 하는 것이다. 잡초는 바늘구멍만 한 틈새도 뚫고 나오는 생존력을 지니고 있기 때문에 완벽한 해결책이라고 할 수는 없지만, 나쁘지 않은 작전임에는 분명하다. 6개월 만에 100퍼센트 생분해되는 친환경 비닐을 사용하면 환경오염도 막을 수 있다. 다만 새 작물을 심을 때마다 비닐을 까는 수고로움을 감수해야 한다.

게으른 나는 전형적인 수비형이다. 잡초들이 공격을 해오면 그제야 방어를 시작한다. 전쟁의 양상은 매해 비슷하다. 봄에는 의욕과 기운이 넘쳐서 잡초가 눈에 띄는 족족 뽑아 버린다. 한 포기도 남겨두지 않겠다는 의지로 집요하게 따라붙다 보면 마당과 텃밭이 말끔해진다. 승리가 눈앞에 보이는 것 같달까.

바로 그때를 조심해야 한다. 땅따먹기에 열을 올리는 건 비단 사람만이 아니다. 내가 방심한 틈에 잡초들은 부지런히 세력을 넓힌다. 유독 눈에 띄는 잡초가 있다 싶으면 땅속은 이미 심각한 상태라고 봐야 한다. 사방으로 뿌리를 뻗으며 흙을 얽어매는 탓에 다른 식물들은 제대로 자라지도 못하고 하루가 다르게 시들어 갈 뿐이다. 결국 그 구역은 잡초가 점령하고 만다.

  이렇게 되면 '뽑기'는 의미가 없다. '자르기'로 맞서야 한다. 예초기를 돌려야 할 때가 온 것이다. 예초기는 잡초를 시원하게 날려 버리지만, 작물까지 날려 버릴 수는 없으므로 텃밭에서는 사용하지 못한다. 잘린 잡초들도 뿌리가 살아 있는 탓에 금방 체력을 회복한다. 매주 예초기를 돌리는 남편 체력만 축이 나니 시간이 갈수록 불리한 싸움이다.

  감자와 토마토, 땅콩과 고추의 경계가 사라지고 그저 거대한 잡초밭으로 변한 텃밭 앞에 서면 전의가 사라진다. 절대 무릎 꿇지 않겠다는 비장한 각오로 시작한 전쟁은 그렇게 결판이 난다. 무조건 항복, 그다음엔 화친이다. 잡초의 영역을 인정하고, 상태가 양호한 작물들을 겨우 구해낸다. 이런 게 불평등조약이구나 싶지만, 패자는 고개를 숙일 뿐이다.

  몇 번의 패배 후, 잡초 사진을 지명 수배 전단 보듯

하는 버릇이 생겼다. 잘 기억해 두었다가 발견하는 즉시 대처하기 위해서다. 『손자병법』에서도 지피지기를 강조하지 않던가.

우리 마당에서 가장 기세등등한 잡초는 망초와 바랭이다. 망초는 개망초와 비슷하게 생겼다. 개망초를 모르는 사람은 거의 없다. 이름을 몰라도 달걀프라이처럼 생긴 꽃이라고 하면 단박에 고개를 끄덕인다. 망초꽃은 그보다 훨씬 작은데, 지고 나면 아기 새의 깃털 같은 종자가 달려서 건드리기만 해도 훅 날아간다. 어마어마한 번식력의 비밀이 여기에 있다. 그래서 망초는 꽃이 피기 전에 없애야 한다. 나는 이른 제거에 항상 실패하기 때문에 여름이면 온 마당이 망초 천지다.

망초와 어깨를 겨룰 만한 풀이라고는 바랭이뿐이다. 바랭이는 도시에도 흔하다. 길가, 잔디밭, 보도블록 사이 등등 어느 곳에서나 볼 수 있다. 벼과 식물이라 그런지 어느 정도 자라면 이삭이 나오는데, 그 모양이 꼭 우산살 같다. 어릴 적에는 이 이삭을 한 가닥씩 둥글게 구부려서 꽃 모양으로 만들어 놀곤 했다.

바랭이 잎과 줄기는 옆으로 퍼진다. 땅 위를 기듯이 자라며 마디마다 뿌리를 내리는 통에 한꺼번에 뽑기가 무척 힘들다. 뽑다가 뚝 끊어지면 남은 마디에서 또다시 뿌리가 나온다. 정말 지독한 녀석이다.

텃밭을 차지하고 있는 것은 쇠비름과 명아주다. 막 돋아나기 시작한 쇠비름을 봤을 때는 동글동글 도톰한 이파리가 제법 예쁘다고 생각했다. 쇠비름은 무지하고 안일한 나를 비웃듯 하루가 다르게 몸집을 키웠다. 물을 어찌나 빨아들이는지 줄기마다 통통하게 살이 올랐다. 감자를 심은 이랑 하나가 쇠비름으로 뒤덮였고, 그해 감자 수확량은 정말 형편없었다.

명아주 역시 처음에는 귀여운 수준이었다. 손가락으로 집어 잡아당기면 힘을 들이지 않아도 땅에서 쏙쏙 빠졌다. 분명 그랬는데, 여름이 지나고 아이보다 키가 커진 명아주를 연이어 발견했다. 지팡이를 만드는 데 쓴다더니 과연 그럴 만도 했다. 줄기가 굵고 단단해진 명아주는 당연히 쉽게 뽑히지 않았다. 대수롭지 않은 풀이라는 생각에 한동안 신경을 쓰지 않은 것이 화근이었다.

1969년 아시아태평양잡초학회(놀랍게도 이런 학회가 있다!)에서 발표된 논문에는 쇠비름과 명아주, 바랭이가 '세계 최악의 잡초' 9, 10, 11위에 나란히 이름을 올렸다. 우리나라에서만 골칫거리인 게 아닌가 보다. 1위가 궁금한 사람을 위해 덧붙이자면, 영예(?)의 주인공은 '향부자'다. 검색해 보면 알겠지만, 그 외모가 낯설지 않다.

  쇠뜨기와 환삼덩굴을 적으로 두지 않았다는 사실에 감사해야 할지도 모르겠다. 쇠뜨기는 시골에서 악명이 높은 잡초다. 꼭 연녹색 수초처럼 생겼는데, 뿌리가 워낙 깊이 박혀 있어 쇠뜨기를 캐내겠다고 땅을 파다가는 지구 반대편까지 간다는 우스갯소리가 있을 정도다.

  징글징글하기로는 환삼덩굴도 만만치 않다. 나는 오래전 환삼덩굴을 상대해 본 적이 있다. 농활대로 방문한 시골에서 제초 작업을 할 때였다. 낫과 예초기를 다루는 데 익숙하지 않은 대학생들에게 환삼덩굴은 가장 까다로운 적이었다. 전봇대건 울타리건 아무렇게나 엉켜 있는 데다가 줄기가 질겨서 잘 끊어지지도 않았다. 작은 가시까지 촘촘히 돋아 있어 무심코 스치기라도 하면 내내 쓰라렸다. 그때의 기억 때문에 지금도 환삼덩굴 근처에 잘 가지 않는다.

그런데 이게 약용에 식용까지 가능하다고 한다. 어린순과 잎은 그냥 먹어도 좋고 데쳐 먹어도 좋은데, 먹어본 사람의 말로는 꽤 맛있어서 다시 찾게 된다나. 그 말을 들은 뒤로 동네에 널린 환삼덩굴이 다르게 보인다.

알고 보면 먹지 못할 풀이 없다. 이파리를 못 먹는 풀은 뿌리를 먹고, 반찬으로 못 먹는 풀은 약으로 먹는다. 쇠뜨기도, 망초도 먹을 수 있는 풀이다. 쇠비름은 다양한 효능으로 이름난 약재라 일부러 재배해서 판매하기도 한다(밭에 쇠비름이 계속 번지면 나도 한번 키워 볼까 싶다). 마음대로 잡초라 이름 붙이고 볼 때마다 씩씩거린 게 슬쩍 미안해진다. 어쩌면 식물의 쓸모를 따지는 것 자체가 우스운 일인지 모른다. 애초에 사람을 위한 존재가 아닌데 잡초로 분류되어 푸대접을 받으니 얼마나 억울할까.

농학자 존 카디너는 『미움받는 식물들』이라는 책에서 인간이 잡초를 만들었다고 말한다. 온갖 수단을 동원해서 없애려고 할수록 잡초 역시 갖은 방법으로 살아남으며 끈질긴 생명력을 갖게 되었다. "잡초는 인간 본성이 식물에 표출된 결과이자 식물과 인간 사이에서 예로부터 지금까지 이루어진 상호작용의 결과"(존 카디너, 『미움받는 식물들』, 윌북, 2022, 335쪽)라는 것이다. 더 많은 식량을 생산하기 위한 기업형 농업과 GMO 개발, 화학약품의 무분별한 사용이 잡초뿐 아니라 잡초처럼 뿌리뽑기 힘든 문제들을 양산하고 있음을, 저자는 지적한다.

  이 책을 읽고 마음가짐을 바꿨다. 잡초와의 전쟁에서 살아남는 방법은 단 하나, 이길 마음을 버리는 것이다. 막을 수 있는 만큼만 막고, 막을 수 없으면 그냥 두려 한다. 잡초와 공존하는 길을 택한 뒤로 심신이 한결 편해졌다. 봄에 올라오는 망초 잎은 무쳐서 맛을 봐야겠다. 미처 뽑지 못한 명아주가 크게 자라면 등산용 지팡이를 만들어 보는 것도 좋겠다. 아무래도 다음 전쟁은 싱겁게 끝날 것 같다.

소꿉 농사

  감자를 캔 자리에 부랴부랴 들깨를 심었다. 잎들깨 모종은 봄마다 심었지만, 종실용 씨앗을 파종하는 건 처음이었다. 짧은 고랑에 반 주먹 정도 줄줄이 뿌렸는데, 밤새 내린 비에 쓸렸는지 싹이 다글다글 모여서 났다. 줄기가 튼튼한 것을 남기고 솎아낸 다음, 살짝 데쳐서 양념에 무쳤다가 볶아 먹었다. 깻순볶음은 가족 모두 좋아하는 반찬이라 여러 번 솎아내기를 했다.

  바쁘다는 핑계로 약도, 비료도 생략하고 잡초 한 번 뽑아주지 못했는데 들깨는 제법 잘 자랐다. 열매는 물론이고 이파리와 꽃까지 아낌없이 내어주는 호박처럼 들깨 역시 버릴 것이 없었다. 깻잎은 필요할 때마다 똑똑 따서 쌈채소로 먹었다. 이런저런 요리에 넣어 먹고, 장식으로 올려 먹기도 했다. 꽃이 진 뒤에는 들깨보숭이를 만들었다. 원래는 찹쌀 풀을 바르고 말려서 튀겨야 하는데, 아쉬운 대로 밀가루 반죽을 입혀도 맛이 좋았다. 자그마한 꽃 안에 맺힌 들깨가 씹힐 때마다 고소한 향이 났다. 코와 혀를 자극하지 않는 담백한 음식이었다.

  벼를 추수할 때가 되자 들깨도 옹골지게 여물었다. 하루 이틀 수확을 미루다가 흐린 날 아침 들깨 대를 베어냈다. 이슬로 촉촉할 때 베어야 깨가 잘 떨어지지 않는다고 했다. 베어낸 들깨 대는 한 아름도 되지 않았다. 경험 삼아 심어봤다고는 하지만, 거기서 들깨를 털어봤자 들기름 한 병은 고사하고 한 숟가락도 얻지 못할 것 같았다. 그래도 시작을 했으니 할 수 있는 데까지는 해볼 작정이었다.

마침 산책을 다녀오는 길에 집 앞에서 깨를 털고 있는 어르신 부부를 만났다. 두 분은 한쪽에 선풍기를 틀어놓고 돗자리를 깐 다음, 그 위에서 들깨 대를 두드렸다. 검불을 비롯한 불순물들이 선풍기 바람에 날아가고 들깨만 바닥으로 떨어졌다. 남편과 나는 약속이나 한 듯이 그 광경을 유심히 지켜본 뒤 집에 돌아오자마자 당장 행동에 옮겼다.

마당 한쪽에 세워둔 들깨 대는 가을볕에 바짝 말라 있었다. 우리의 준비도 완벽했다. 소풍용 돗자리를 펼치고, 책상에 있던 미니 선풍기를 꺼내 왔다. 털어낸 들깨를 몇 번 더 까불기 위해 넓은 소쿠리와 체도 가져다 두었다. 베테랑들의 노하우를 그대로 복사한 만큼 실패는 없을 것이라고 믿었다.

내가 선풍기를 틀자, 남편이 들깨 대를 내리치기 시작했다. 요란한 소리와 함께 들깨가 쏟아져 나왔다. 얌전히 떨어지는 건 일부일 뿐, 어디론가 날아가는 게 더 많았다. 설상가상으로 돗자리 한 귀퉁이가 바람에 접히면서 얼마 모이지도 않은 들깨들이 이리저리 구르다 튕겨 나갔다.

"거기 좀 펴 봐!"
"선풍기부터 꺼야지!"

한바탕 난리를 치르고는 도저히 안 되겠다 싶어서 천막용 천을 깔았다. 본채 앞마당 절반을 덮는 면적이었다. 바깥에 떨어지는 들깨는 없을 것 같았지만, 조금 우습긴 했다. 누가 보면 들깨 농사만 수백 평 짓는 집인 줄 알았을 거다.

재정비 뒤에도 들깨 털기는 여전히 까다로웠다. 수십 번씩 털어내 모은 것 중 절반은 먼지와 모래, 나뭇조각, 부서진 이파리였다. 한참 동안 소쿠리를 흔들어 분리하고, 체에 걸러내고, 손으로 골라낸 후에야 깨끗한 들깨가 남았다. 커피잔 하나를 간신히 채우는 양이었다. 남편과 나는 석양이 깔린 하늘 아래서 그 잔을 쳐다보며 마구 웃었다. 어이가 없을 때 나오는 웃음이었다. 겨우 그만큼의 들깨를 얻기 위해 온종일 야단법석을 떤 것이다.

힘들게 얻은 들깨는 주방 선반 위에 모셔두었다. 요

리에 쓰려고 했는데, 지금도 그냥 모셔두고 있다. 계속 이대로 두는 것도 나쁘지 않을 것 같다. 처음 들깨를 수확한 그날을 추억하며 가끔 웃게 되지 않을까.

  지나친 것은 모자란 것만 못하다고 생각하는 사람이라 그런지 농사를 지을 때도 나는 손이 크지 않은 편이다. 텃밭이 워낙 작아서 욕심을 낼 수 없기도 하다. 봄에는 적상추와 로메인 상추, 오크 상추 모종을 세 개씩 산다. 그 정도만 심으면 먹기 충분할 뿐 아니라 가끔 오는 손님들도 뜯어갈 수 있다.

  한번은 자주 가는 종묘상에서 채소 씨앗을 샀는데, 주인아주머니가 싹이 잘 나는 흙을 한 봉지 가득 싸주셨다. 흙 속에는 엄지손톱만 한 상추 모종들이 섞여 있었다. 파종한 뒤 솎아낸 것들을 흙에 섞어 버리시는 모양이었다. 덕분에 계획한 것보다 훨씬 많은 상추를 키우게 되었다. 나중에는 감당할 수 없을 만큼 상추가 많아져서 상추 겉절이와 상추 샐러드, 상추 볶음까지 해 먹었고, 모든 음식을 상추에 싸 먹는 지경에 이르렀다. 동네 어르신들은 우리보다 규모가 훨씬 큰 밭을 가꾸시기 때문에 나눌 곳도 마땅치 않았다. 그 뒤로는 무슨 모종이든 좀 많다 싶으면 무조건 화분에 심어 엄마에게 가져다준다.

우리 집 농사는 꼭 소꿉놀이 같아서 수확량이라고 해봤자 당근 일고여덟 개와 풋고추 세 줌, 땅콩은 작은 바구니로 하나, 하는 식이다. 그럼에도 매번 남김없이 먹지 못한다. 고추나 가지, 토마토 같은 작물은 수확한 것을 다 먹기도 전에 그만한 양이 또 달린다. 말릴 수 있는 것들은 말리고 얼릴 수 있는 것들은 얼려서 저장하지만, 매번 그러기가 쉽지 않다.

몇 번의 시행착오를 거친 뒤에야 우리 가족에게 알맞은 채소 재배량을 알게 되었다. 가지는 딱 두 포기가 좋다. 그 정도면 굽고 튀기고 볶아가며 실컷 먹을 수 있다. 고추 모종은 다섯 포기면 충분하다. 감자는 다다익선이고, 래디시는 키우는 재미에 비해 쓰임새가 적다. 옥수수는 심지 않는 편이 낫다. 좁은 텃밭에서 키우기에는 키가 너무 큰 탓이다. 김장배추는 청벌레의 먹이로 사라지는 양을 생각해서 스무 포기 이상 심고, 무도 넉넉하게 심는다. 신경을 많이 쓰지 않아도 무난하게 자라는 데다가 겨우내 잘 먹기 때문이다.

밭작물은 주인의 발자국 소리를 듣고 자란다는 말이 있다. 그렇게 치면 나는 빵점 주인이다. 손바닥만 한 텃밭도 마음먹고 관리하려면 적지 않은 품이 들어서 바쁘거나 귀찮다는 핑계로 방치하기도 했다. 그러면 또 그러는 대로 마음의 짐이 되었다. 재밌자고 한 일이 부담으로 돌아오니 그다지 유쾌하지 않았다. 고민 끝에 텃밭 일은 너무 힘들지 않을 만큼만 하기로 했다. 그래도 아주 손을 놓지는 않을 생각이다.

 소꿉 농사의 즐거움은 포기할 수 없다. 내 손길에 의지해 커가는 작물을 보면 묘한 힘을 얻는다. 어설픈 보살핌에도 녀석들은 그럴듯한 결실을 맺는다. 못난 것도, 약한 것도 하나같이 기특하고 애틋하다. 갖가지 시련을 참고 견뎌낸 흔적이 고스란히 담겨 있는 까닭이다. 우리 집 농작물을 키운 건 8할이 자연이지만, 내가 약간의 역할을 했다고 생각하면 기분이 좋아진다.

 자연 안에서 식물은 강한 생명력을 지닌다. 녹록지 않은 환경에서도 기어코 살아간다. 그 모습이 처절하면서도 마냥 슬프지는 않다. 외롭고 괴롭고 더럽고 치사한 와중에도 살고 살며 또 살아내는 사람처럼 대단해 보인다. 살아 있는 것은 중요한 일이다. 우리는 무언가를 이루려고 부단히 애쓰지만 어쩌면 살아 있음 자체가 성취인지 모른다는, 그런 생각이 든다.

지난봄, 감자 심는 시기를 놓쳤다고 걱정하는 나에게 이웃 할머니 한 분이 말씀하셨다.

"늦게 심으면 늦게 수확해서 먹음 되쥬. 아, 뭔 걱정이대~!"

순간, 정말로 걱정이 사라졌다. 늦게 나면 늦게 난 대로, 별로 안 달리면 안 달린 대로, 부실하면 부실한 대로 먹으면 된다. 생각해 보니 사는 것도 그렇다. 남들보다 늦으면 늦은 대로, 잘 안되면 안되는 대로, 부실하면 부실한 대로 살면 된다. 아, 뭔 걱정이대~!

부록

집수리의 7대 지옥

영화 〈신과 함께〉를 보면 저승에 간 주인공이 7지옥의 심판을 받는다. 시골집을 수리할 때도 일곱 가지 지옥을 거쳐야 한다면 그 첫 번째는 선택 지옥이다.

:: 선택 지옥

집수리 계획을 세우는 데만 한 달이 걸렸다. 철거 범위, 구조 변경이 필요한 부분, 천장 마감과 단열 방식, 지붕과 외벽 재료 등등 모든 것이 선택의 연속이었다. 조명과 타일, 수전이나 바닥재 같은 인테리어 요소는 구경하는 재미라도 있지, 이름이 낯선 데다 거기서 거기처럼 보이는 재료들의 장단점과 시공법을 찾아 읽고 일일이 비교할 때면 내가 공사를 앞둔 건지 시험을 앞둔 건지 헷갈렸다.

우리 부부는 '최대한 저렴하면서도 튼튼하고 따뜻하게'라는 원대한 목표를 가진 터였다. 예쁜 재료들은 대개 비쌌고, 내 눈에 좋아 보이는 수리 방식은 한반도의 변화무쌍한 기온과 습도에 취약했다. 단열성과 내구성은 기본이되 가격이 너무 높아서는 안 되며, 그렇다고 디자인을 아예 포기할 수도 없으니 매번 머리카락을 쥐어뜯을 수밖에 없었다.

창호를 예로 들자면 우선 국산이냐 수입산이냐, 단창이냐 이중창이냐 시스템 창호냐, 이중 유리냐 삼중 유리냐를 정해야 했다. 인터넷 세상에는 정보가 차고 넘쳐서 무엇이 사실이고 무엇이 광고인지 알 수 없었다. 머리에 들어오지도 않는 글을 열심히 읽었는데 마지막에 판매 사이트 링크가 있으면 허탈할 뿐이었다.

가장 원시적이면서도 확실한 방법—여기저기 물어보기—의 결과도 크게 다르지 않았다. 의견이 분분했기 때문이다. 독일 창호가 최고라는 저먼 테크놀로지 신봉자가 있는가 하면, 한국의 기후와 난방 방식에는 한국 창호가 알맞다는 신토불이형도 있었다. 어떤 사람은 유리 두께와 로이유리 여부를 따졌고, 가장 중요한 건 시공이라는 주장도 있었다.

궁금증 해결을 위해 창호 전시장에 갔다. 국내 업체 전시장 두 곳을 방문하고 세 군데에 견적을 요청했는데, 막상 택한 것은 미국'식'—이지만 중국'산'인—시스템 창호였다. 단창이라는 점, 크기가 규격화되어 있다는 점, 목조주택 전용이라 다른 창호들과 시공 방법이 약간 다르다는 점 등이 마음에 걸렸으나 그 모든 단점을 상쇄하는 가격에 마음이 움직였다. 판매 업체에서 특가 할인하는 재고는 처음에 알아본 창호의 절반도 되지 않는 값이었다. 돈을 그렇게나 아낀 나 자신이 신통방통해 죽는 줄 알았다. 얻는 것이 있으면 잃는 것도 있다는 사실을 그때는 미처 몰랐다. 규격화된 치수가 특히 발목을 잡았다. 우리는 새 창호의 크기에 맞춰 벽을 깨부수고, 일일이 벽돌을 쌓아 미장을 했다. 그느라 버린 시간을 생각하면 돈이 두 배가 들더라도 기존 치수에 맞춰 창호를 주문 제작하는 편이 나을 뻔했다.

그 뒤에도 비슷한 후회를 반복했다. 경험이 부족해서이기도 했지만, 대개는 한 가지 이점에 지나치게 몰두한 탓이었다. 그러다 보면 꼭 탈이 났다. 시간을 절약하기 위해 급히 진행한 일이 잘못되거나, 당장

편하자고 부린 꼼수 때문에 결과가 엉망이 되는 식이었다. 그러면 더 많은 시간을 낭비하고 더 많은 고생을 해야 했다.

나처럼 어리석은 후손을 위해 조상님들은 "싼 게 비지떡", "급할수록 돌아가라", "새우를 잡으려다 고래를 놓친다"와 같은 속담을 남긴 것 같다. 집수리를 시작하려는 사람이 있거든 반드시 속담집 일독을 권하고 싶다.

:: 철거 지옥

철거의 시작은 슬레이트 제거 작업이었다. 시골에는 두세 집 건너 한 집꼴로 보일 만큼 슬레이트가 흔하다. 우리 집 역시 본채를 연장한 공간과 외양간의 지붕이 슬레이트로 되어 있었다. 슬레이트 철거와 폐기 작업은 허가받은 업체에서만 할 수 있는데, 만만치 않은 비용이 든다.

철거비 지원 사업이 있다고 해서 행정복지센터에 가봤더니 이미 신청자가 많았다. 취약 계층을 먼저 지원하고 선착순으로 진행하기 때문에 2~3년도 걸릴 수 있다고 했다. 그렇게 긴 시간을 기다릴 수는 없는 노릇이었다. 결국 우리는 신청을 포기하고 따로 업체에 연락해 일정을 잡았다.

약속한 날이 되자 새하얀 방호복을 입은 분들이 와서 슬레이트 주위에 철제 구조물을 설치하고 노란 천막을 씌웠다. 둘레에는 접근금지 테이프가 붙었다. 근처에 있으면 안 된다는 말에 카페로 피신해 있었더니 몇 시간 뒤 작업이 끝났다는 연락이 왔다. 거금 160만 원이 나갔다.

그다음부터는 우리의 몫이었다. 남편은 쇠지렛대로 천장 몰딩을 제거하고 반자를 뜯었다. 도르르 도르르 도르르르륵…. 비비탄 수천 개가 구르는 듯한 소리가 났다. 바짝 마른 쥐똥이었다. 본채 반자를 모두 뜯어낸 뒤에 쓸어 담은 쥐똥은 마대 한 자루를 가득 채우고도 남았다. 작은방 천장 위에서 미라 상태의 쥐 사체가 발견되기도 했다.

부엌 장판을 걷어내자, 이번에는 살아 있는 바퀴벌레들이 쏟아져 나와 순식간에 흩어졌다. 그렇게 큰 바퀴벌레를 본 건 처음이었다. 머리끝부터 발끝까지 소름이 돋았다. 남편은 커다란 바퀴들을 마구 밟아 죽이며 다급하게 외쳤다.

"얼른 죽여! 안 그러면 또 숨잖아!"

나도 모르게 "못 해!"라고 소리를 질렀다. 고무장화를 신고 있었지만, 도저히 그것들을 밟을 수 없었다. 다리가 땅에 붙어 버린 것 같았다.

남은 장판을 걷을 자신이 없었다. 기다란 막대로 끄트머리만 슬쩍 들추다가 결국 남편을 불렀다. 어쩌다가 바퀴벌레가 나오면 똑같은 일이 벌어졌다. 남편은 밟느라 바쁘고 나는 피하느라 바빴다. 살려두면 안 된다는 둥, 어디 가서 번식할지 모른다는 둥 중얼거리는 남편이 야속했다. 장판을 전부 걷을 때까지 티격태격 실랑이를 벌였던 것 같다.

걷어낸 장판을 자르거나 접어서 마대에 담은 뒤 폐기물 스티커를 붙여 내놓는 것도 만만치 않은 일이었다. 둘둘 만 장판은 나에게 통나무를 방불케 하는 무게였다. 이를 악물고 끌어도 두세 뼘 움직이고 말았다. 영혼이 털리든 육체가 깨지든 이래저래 힘든 나날이었다.

철거 작업은 한 달 가까이 이어졌다. 남편이 종일

하는 일은 타일을 깨고, 벽체의 일부를 자르고(콘크리트커터를 이용해 말 그대로 '자른다'), 방문과 문틀을 떼는 것이었다. 말처럼 간단한 일이면 좋을 텐데 실제로는 많은 시간과 에너지가 들었다.

외양간 가운데에 있는 작은 벽을 때려 부수는 데 하루가 걸리고, 마당과 텃밭 사이에 있는 기둥을 때려 부수는 데 사흘이 걸렸다. 아무리 내리쳐도 무너지지 않는 기둥 때문에 파쇄기를 추가로 구입했다. 공사는 장비발이라는 남편의 이론과 그 이론을 무시할 수 없는 현장 상황에 의해 공구의 종류와 개수는 점점 늘어갔다.

우리를 가장 애먹인 것은 창틀이었다. 오래된 알루미늄 창틀은 심하게 휘고 구부러져 어떻게 해도 창문이 빠지지 않았다. 그냥 깨 버리자니 위험하기도 하거니와 깨진 유리를 치우는 것도 일이라 그라인더를 이용해 창틀을 잘라 버리기로 했다. 사실 그라인더가 덜 위험한 것은 아니었다. 귀가 찢어질 듯한 소음과 사방으로 날리는 쇳가루도 그렇지만, 창틀이 다 잘려서 뚝 끊어지는 소리가 날 때마다 기계 반동에 남편이 다칠까 봐 무서웠다.

다치지만 말자고 입버릇처럼 말했다. 혹시 사고라도 나면 어떻게 대처해야 하나 머릿속으로 시뮬레이션을 해보기도 했다. 집 앞에 소방서가 있다는 사실은 무엇보다 큰 위안이 되었다. 어쨌든 구급차는 금방 오겠다는 남편의 말에 맞장구를 치며 웃었지만, 구급차에 실려 갈 만한 부상을 떠올리면 아찔해졌다. 철거가 끝날 때까지 내가 가장 많이 한 일은 아마 기도가 아니었을까.

:: 설비 지옥

별채에는 기다란 직사각형 모양의 방과 창고 두 개가 있다. 우리 부부는 작은 창고 하나를 화장실로 만들고 싶었다. 별채에 화장실을 만들려면 뒤뜰에 땅을 파고 수도 배관을 연결해야 하는데, 삽질만으로는 불가능한 규모였다. 작은 굴착기를 다루는 기사님과 설비 기술자를 모셔야 했다.

그 일이 그토록 어려울 줄은 몰랐다. 스무 군데 가까이 전화를 돌려도 선뜻 견적을 내주겠다는 사람이 없었다. 열심히 이야기를 듣던 분들도 일이 너무 밀려 있다거나 업체랑만 거래한다는 핑계로 거절하곤 했다. 수리 중인 시골집이라고 하면 확연히 꺼리는 눈치였다.

그분들을 원망할 수는 없었다. 구조가 비슷비슷한 아파트와 달리 시골집은 기상천외한 공간이었다. 우리도 매번 놀랐다. 가정에서 배전반도 없이 어떻게 전기를 쓴 건지, 상수도관은 왜 엉뚱한 데 묻혀 있는지, 대들보는 어째서 마구잡이로 자르고 덧댄 건지…. 도무지 이해할 수 없는 것투성이였다. 무엇이 어떻게 되어 있는지 파악하기도 힘들 뿐더러, 까딱하면 골치 아픈 일이 생길 수도 있으니 손대고 싶지 않은 것이 당연했다.

사람을 구하지 못해 아무것도 할 수 없는 날이 이어지는 동안 나는 도배지를 뜯었다. 도배지는 알차게 자란 양파처럼 까도 까도 끝이 없었다. 적어도 예닐곱 겹은 되는 듯했다. 덧바른 도배지를 뜯어내는 일은 그리 어렵지 않았다. 서너 겹씩 한꺼번에 쫘아아악 뜯겨 나올 때면 묘한 쾌감도 느꼈다. 문제는 초배지였다. 방은 몰라도 거실과 주방 벽은 페인트를 바를 계획이었기 때문에 초배지까지 말끔하게 제거해야 했다.

내벽은 석고보드가 아니라 손으로 미장한 시멘트였는데, 울퉁불퉁한 벽에 얇디얇은 한지가 붙어 있으니 떼어내기가 무척 힘들었다. 그야말로 극악의 난이도를 자랑하는 일이었다. 지옥을 관장한다는 대왕들에게 "살아생전 극악무도한 죄를 지은 사람이 있다면 종일 시멘트벽에 붙은 초배지 뜯기를 시키세요!"라고 건의하고 싶을 정도였다. 간혹 초배지가 도배지와 함께 떨어지기도 했지만, 그런 행운은 자주 허락되지 않았다. 유튜브에서 '도배지 쉽게 제거하는 법'을 찾아봐도 별다른 요령이 없었다. 물걸레로 닦거나 분무기로 물을 뿌려서 촉촉하게 만든 다음 스크래퍼로 긁어내는 게 최선이었다. 한쪽 벽면에 붙은 도배지와 초배지를 모두 제거하는 데 꼬박 하루가 걸렸다.

수도 배관 시공을 준비하겠다고 뒤뜰에서 콘크리트를 부수던 남편도 가끔은 초배지 제거 작업에 합류했다.

"이거 비효율적인 것 같아. 이 시간에 다른 일로 돈을 벌고 그 돈으로 전문가한테 맡기는 게 나을 텐데."

"우린 지금 돈이 없고 시간은 많잖아."

효율 운운하던 남편은 곧바로 내 말에 수긍했다. 돈 없고 시간 많은 우리는 스크래퍼를 쥐고 어깨가 부서지도록 벽을 문질렀다. 육두문자가 절로 나왔다. 작업을 할 때는 항상 노동요를 들었는데, 웬만하면 엉덩이를 들썩이게 되는 마이클 잭슨의 '뜨릴러'(스릴러는 어쩐지 입에 붙지 않는다)도 내 흥을 돋우지 못했다. 도배지를 다 뜯어야만 신명이 날 듯했다. 그날이 오면 두 번 수술한 왼쪽 무릎이 삐걱대더라도 마당에서 문워크를 출 수 있을 것 같았다.

"이 일을 다른 사람에게 맡긴다면 돈을 얼마나 써야 할까?"

조용하던 남편이 다시 물었다. "많이."라고 대답하면서 머릿속으로 대충 계산을 해봤다. 일당이 최소 10만 원일 텐데, 두세 사람이 달라붙는다고 해도 사나흘은 족히 걸릴 일이었다. 그만한 돈을 아낀다고 생각하면 어느새 기운이 솟았다. 너무 힘이 들 때는 말끔하게 변한 집을 상상했다. 그러다 어느 순간, 아무 생각도 하지 않고 팔을 움직이는 경지에 이르렀다. 어떤 목표도, 기대도 없이 내 앞에 놓인 일에 집중하자 고

통이 덜할 뿐 아니라 심지어 평화롭기까지 했다.

도배지 제거 수행(?)의 결과일까. 좀처럼 만나기 힘든 기술자와 연이 닿았다. 원래 목수인 그분은 설비 작업 이후에도 우리에게 많은 조언과 실질적인 도움을 주었다. 지옥에서 만난 유일한 귀인이었다.

:: 조적과 미장 지옥

우리 집은 현관문이 길 쪽으로 나 있는 특이한 구조였다. 보통은 문을 열고 마당을 지나 대문으로 가는 경로인데, 문을 열자마자 골목길인 셈이다. 게다가 화장실이 신발장 옆에 있어서 화장실에 가려면 신발을 신어야 했다. 대체 왜 이렇게 지은 건가 했는데, 앞집 어르신이 말씀하시길 예전에는 이 동네가 장터였다고 한다. 주변에 문 닫은 방앗간과 슈퍼, 분식집이 있는 이유를 그제야 알았다.

이 집 역시 한때는 식당이었다. 그러니까 장을 보던 사람들이 대문을 거치지 않고 바로 들어올 수 있도록 한 것이다. 그렇게 생각하니 화장실도 전혀 생뚱맞은 위치가 아니었다. 하지만 우리는 가게를 열 생각이 없었기 때문에 집 구조를 조금 바꾸기로 했다. 기존의 현관문을 뜯어내고 뚫린 곳은 벽돌로 메울 생각이었다. 규격화된 창호를 선택하는 바람에 생긴 공간에도 조적과 미장 작업을 해야 했다.

한 달간 수천 장의 벽돌을 쌓았다. 남편이 커다란 통에 물을 부은 다음 40킬로그램짜리 레미탈 포대를 들어 올리면 내가 뾰족한 칼로 포대 한가운데를 갈랐다. 드릴에 교반봉을 달아 레미탈과 물을 섞고, 그렇게 만들어진 모르타르를 사이사이에 발라가며 벽돌을 올리는 작업이었다.

처음에는 실수의 연속이었다. 레미탈이 한꺼번에 물에 떨어지면서 사방으로 튀는 바람에 모르타르를 뒤집어쓴 적도 있고, 점심을 먹느라 자리를 비운 사이에 모르타르가 굳어서 한참 긁어낸 적도 있다. 농도를 제대로 맞추지 못해 레미탈 더 넣고, 물 더 넣고, 다시 레미탈 더 넣고… 하다가 양이 너무 많아져서 섞느라 애를 먹기도 했다. 그러다가 교반기를 연결한 드릴이 고장 나기라도 하면 작업을 잠시 멈출 수밖에 없었다.

벽돌 한 층 쌓는 데 수평계를 수십 번 올렸다가 내렸다. 그럼에도 어느 순간 윗면이 기울기 일쑤였다. 남편과 나는 수평을 맞추는 데 심혈을 기울였다. 끈, 자석 수평계, 레이저 수평계까지 동원했다. 작업이 더딜 수밖에 없었다. 손이 느리니 모르타르를 많이 만들어 놓을 수도 없었다. 그렇다고 적게 만들면 금방 굳이 나서 하루에도 몇 번씩 레미탈을 물에 개기 바빴다.

　가끔 헛웃음이 나왔다. 대학 시절 편의점, 카페, 식당, 중고생 과외, 학부 조교, 자격증 시험 감독 등 수많은 아르바이트를 했고, 출판사에 취업하기 전에도 학원 강의에서 행사 기획에 이르기까지 별별 일을 다 해봤지만, 조적에 미장까지 하게 될 줄은 몰랐다. 시간이 허투루 흐르지는 않아서 나중에는 남편이나 나 실력이 꽤 늘게 되었다. 지나가는 분들이 칭찬하실 정도였다.

　"워째 이리 잘한대유? 해본 분들이유?"

　어르신들 말씀에 자신감이 붙은 우리는 조적 욕조도 만들었다. 간단한 작업은 나 혼자서도 해냈다. 조적이든 미장이든 정식으로 배워서 자격증을 따 볼까,

하는 생각까지 들었다.

하루는 현관 안팎의 바닥 단차를 없애기 위해 모르타르를 바른 뒤, 남편에게 당부했다.

"여기 잘 피해서 다녀야 해!"

고양이가 지나가면 어쩌나 걱정하기도 했는데, 정작 그 위에 발자국을 남긴 건 남편도, 고양이도 아닌 나였다. 고양이는 가볍기라도 하지, 육중한 내 몸에 밟힌 모르타르는 옴팡지게 눌려 버렸다. 더 기가 막힌 사실은 "으악! 내가 밟았어! 이제 정말 조심해야겠다!" 하고 소리를 지른 지 5분 만에 그걸 또 밟았다는 것이다. 이 죽일 놈의 건망증. 남편에게 얼마나 놀림을 받았는지 모른다. 자격증 생각은 그 길로 접었다. 살면서 하기 힘든 경험을 했으니 그 점에 만족하기로 했다.

조적과 미장 작업을 마치고 창문과 현관문을 달자 집수리의 한 장(場)이 끝난 느낌이었다. 누더기 같았던 벽체의 조합이 제법 집처럼 보이기 시작한 순간이다.

:: 전기 지옥

 전기 작업만큼은 전문가에게 맡겨야 한다는 소리를 들었다. 한데 무슨 이유인지 남편은 다른 작업을 할 때보다 자신이 있어 보였다. 공대 출신이라지만 전기랑은 상관이 없는 전공인데 정말 괜찮은 걸까 의심스러웠다(세 학기 만에 학교를 관뒀으니 공대 출신이라고 하기에도 애매하다).

 철학과 사학을 복수전공하고 남은 학점은 종교학에 올인하며 유교와 무교, 불교, 힌두교 강의를 들었던 내가 전기에 관해 아는 것이라고는 고등학교 물리 시간에 배운 V=IR이 전부였다. 철거 작업을 했을 때보다 두 배 정도 신경이 곤두섰고, 두 배 이상의 잔소리가 나왔다. 남편을 졸졸 따라다니면서 조심하라고 외쳤는데, 나중에는 내가 하는 말이 걱정인지 강요인지 헷갈릴 정도였다.

 남편은 배전반을 설치하고 차단기를 배분했다. 배분한 차단기에 맞춰 집에 있는 전선들도 모두 정리해 나갔다. 시멘트벽을 뚫어서 스위치와 콘센트 자리를 만들기도 했다. 우려와 달리 전기 작업은 무사히 마무리됐다. 물론 고생스럽지 않았던 것은 아니다. 십여 가닥의 전선이 마구 뒤엉켜 있어 그중 무엇이 어디로 연결되는 건지 알 수 없는 경우가 많았고, 연결은 되어 있는데 전기가 들어오지 않는 전선도 있었다. 화장실 벽에 박힌 볼트에서 전기가 흘러 자칫 사고로 이어질 뻔하기도 했다. 볼트 끝이 벽 안에 있는 전선까지 뚫고 들어간 모양이었다.

남편은 손가락만 한 검전기를 여기저기에 대보면서 마지막 점검을 했다.

"어떻게 한 거야? 아니, 왜 잘하는 거야?"

내 물음에 대한 남편의 대답은 명쾌했다. 각종 악기와 앰프, 이펙터를 수리하고 개조하면서 익힌 지식 덕분이라는 것이다.

남편의 취미는 20년이 넘도록 변함이 없다. 드럼과 베이스, 기타를 연주하고 수리하는 데 많은 시간을 썼다. 툭하면 악기와 공구를 어지럽게 벌여 두고 회로도를 보며 고심하는 남편에게 잔소리도 많이 했다. 내가 별로 좋아하지 않던 그 취미는 집수리에 도움이 됐을 뿐 아니라, 최근 남편의 밥벌이 중 하나가 되었다. 인생 참 모를 일이다.

:: 목공 지옥(feat. 설치 지옥)

목공 지옥은 지옥이라고 하기 무색할 만큼 수월하게 지나갔다. 설비 지옥에서 만난 귀인의 도움을 받았기 때문이다. 그분은 낮 동안 집을 짓고 밤이 되면 시를 짓는 낭만 목수였다. 남편과는 건축이라는 관심사, 나와는 글이라는 관심사가 비슷했기에 금방 가까워질 수 있었다.

전문가는 역시 전문가였다. 그 어느 때보다 작업이 빠르게 진행됐다. 천장 반자를 치고, 창문이 있는 벽에 나무로 짠 상을 댄 다음 석고보드를 붙이는 일이었다. 후반 작업부터는 목수 분이 일을 주도하고 남편이 보조했는데, 두 사람의 호흡이 척척 맞았다. 덕분에 나는 공사 현장에 나갈 필요 없이 꿀 같은 휴식을 취할 수 있었다. 쉬다가 며칠 만에 가 보면 반듯한 천장이 생기고, 또 며칠 만에 가 보면 몰딩과 방문들이 생겼다. 어깨춤이 절로 나오는 속도였다.

타일과 도배, 장판도 그분에게 부탁해 각 분야의 기술자를 소개받았다. 벽이나 바닥이나 표면이 고르지 않은 터라 잘 해낼 자신이 없었고, 눈에 보이는 부분인 만큼 마감이 말끔해야 했기 때문에 프로에게 맡기는 편이 낫다고 생각했다. 옆에서 잘 봐뒀다가 별채를 수리할 때는 직접 해보자는 나름의 작전도 있었다.

타일 시공이 끝나자 집 안이 완전히 달라졌다. 도무지 사용할 수 없을 것만 같았던 화장실은 눈이 부실 정도였고, 부엌도 부엌다운 느낌이 들었다. 세면대와 변기, 싱크대는 디자인보다 가성비를 기준으로 선택했지만, 그래도 비포에 비하면 훌륭하기 그지없는 애프터였다. 이틀 동안 이케아 싱크대를 홀로 조립하고 설치한 남편 역시 한없이 뿌듯해했다.

도배와 장판은 말할 것도 없었다. 사장님은 한눈에 봐도 장인의 아우라를 뿜어내는 분이었다. 그분의 솜씨는 신의 경지와도 같아서 울퉁불퉁한 벽이 매끄럽게 바뀌고, 나무 무늬 장판은 얼핏 마루로 보이는 기적이 일어났다. 나도 모르게 아멘을 외칠 뻔했다.

인건비가 너무 올랐다고들 하지만, 사실 기술자 노임은 그리 비싸다고 할 수 없다. 집을 수리하면서 해본 일 중에 힘들지 않은 것은 하나도 없었다. 무슨 일이든지 직접 하면 몇 배에서 몇십 배의 힘과 시간이 들었다. 수많은 시행착오를 거쳐야 했고, 결과 역시 아쉬울 때가 많았다. 셀프 수리를 경험하고 나서야 숙련자에게 비싼 돈을 지불하는 이유를 충분히 납득할 수 있게 되었다. 역시 뭐든지 겪어봐야 아는 법이다.

:: 칠 지옥

 칠 지옥에서는 페인트와 스테인, 바니시가 우리를 기다리고 있었다. 칠 자체보다 밑 작업이 더 까다로웠다. 사포로 면을 다듬는 샌딩 작업, 에어 컴프레서로 먼지를 불어내는 클리닝 작업, 주변에 도료가 묻지 않도록 하는 마스킹 작업까지 마쳐야 비로소 칠 준비가 끝나기 때문에 소(小)지옥 삼종 세트라고 해도 무방할 것 같다.

 남편이 처음 샌딩기를 맡겼을 때, 나는 꽤 자신이 있었다. 손으로 일일이 문지르는 것도 아니고 기계만 움직이면 되는데 뭐 그리 어려울까 싶었다. 막상 작업을 시작하니 처음에는 의식하지 못했던 샌딩기의 무게가 점점 버겁게 느껴졌다. 벽면을 몇 번 문지르고 나면 팔이 뻐근해져서 도무지 진도가 나가지 않았다.

샌딩기는 요란한 소리를 내며 빠르게 돌아갔고, 그 끝에 붙어 있는 원형 사포도 같은 속도로 움직였다. 모든 면을 고르게 다듬기가 쉽지 않았다. 한쪽으로 기울어지거나 너무 오래 대고 있기라도 하면 그곳이 움푹 파이곤 했다. 창문 앞에 짜 넣은 나무 모서리를 두 번이나 뭉텅이로 깎아낸 뒤 반성의 시간을 가졌다. 정말이지 우습게 볼 일이 아니었다.

더운 날씨에 방진 마스크를 쓰는 것도 고역이었다. 숨이 턱턱 막혔다. 그렇다고 벗을 수도 없었다. 샌딩 작업을 하는 내내 미세한 가루들이 사방으로 흩날렸기 때문이다. 여기저기 내려앉은 티끌과 주변의 먼지들은 에어 컴프레서로 강한 바람을 날려서 치웠다.

청소를 마치고 나면 마스킹 작업을 했다. 비닐이 붙어 있는 커버링 테이프로 칠이 필요하지 않은 부분을 가려주는 일이었다. 도료가 엉뚱한 데 튀어서도 안 되지만, 테이프를 똑바로 붙여야 칠을 한 곳과 하지 않은 곳의 경계가 깔끔하므로 정교한 솜씨가 필요했다. 천장과 창문, 싱크대, 스위치, 콘센트 등 가려야 할 부분을 전부 찾아서 작업하다 보면 시간도 많이 들었다.

페인트는 스프레이 건으로 최소 두 번씩 칠했다. 밑작업과 본 작업, 건조 시간까지 4~5일이 걸렸다. 거실과 화장실, 부엌까지 칠해놓고 보니 화장실 벽이 영 마음에 들지 않았다. 싱그러운 초록을 기대했으나 결과물은 어린이집 놀이방이 연상되는 연둣빛이었다. 결국 다시 마스킹 작업을 하고 새 페인트를 사서 칠했다. 지금도 화장실 벽을 보면 팔이 저릿해지면서 당시의 고생이 떠오른다.

  페인트 작업을 마치고, 필요한 곳마다 스테인과 바니시 칠을 한 뒤에도 칠 작업은 끝나지 않았다. 최종 단계는 실리콘 칠이었다. 몰딩, 방문틀, 걸레받이, 벽타일 등 모든 면의 경계와 모서리, 귀퉁이마다 실리콘을 발라야 했다. 시골집에서 틈새란 벌레들의 출입 통로는 물론, 안식처이자 번식처가 될 수 있기 때문에 더 신경이 쓰였다. 남편은 카우보이가 된 것처럼 실리콘 건을 허리에 차고 다니며 모든 틈새를 막았다. 덕분에 여태껏 집 안에서 서식하는 벌레를 본 적이 없다. 벌레가 두려운 사람이 있다면 이 두 가지를 꼭 기억하길 바란다. 실리콘 건을 들 것. 그리고 모든 틈새를 막을 것!

:: 또 다른 지옥

집을 수리하는 동안 가장 많이 한 일은 청소였다. 지겨울 정도로 쓸고, 닦고, 뜯고, 담고, 찢고, 자르고, 버리고, 분리하고, 정리했다. 남편이 나보다 훨씬 바빴기 때문에 청소는 대부분 내 몫이었다. 우리는 따로 또 같이 집수리의 7대 지옥을 지나왔다. 하지만 정작 괴로운 기억으로 남은 것은 수리와 관계없는 일이었다.

철거 작업이 끝나가던 어느 날, 툇마루에 올려둔 공구들이 사라졌다. 집에 오지 못한 주말 사이에 일어난 일이었다. 이틀이나 못 올 줄 알았다면 창고에 넣어두고 갔을 텐데, 지나친 방심이 화근이었다. 차를 끌고 시골 동네를 돌면서 빈집을 터는 무리가 있다는 사실을 그때 알았다. 그 무거운 공구들을 싹 가져갔으니 혼자 걸어 다니는 사람은 아닌 것이 분명했다.

소문은 금세 퍼져서 이웃들도 물어볼 정도였다. 대부분 대문을 열어두고 사는 마을이라 다들 불안할 법도 했다. 몇 해 전 굴다리 밑에 세워둔 경운기를 도둑맞았다는 앞집 어르신은 그때 생각이 나시는 듯 얼굴을 붉히며 우리 일을 우리보다 더 걱정해 주셨다.

경찰에 신고하고 골목에 있는 CCTV 확인도 부탁했지만, 범인은 끝내 잡히지 않았다. 중고 거래 사이트를 살펴도 낯익은 공구는 없었다. 우리는 몇 달째 포장도 뜯지 않았던 보안카메라를 그제야 달았다. 소 잃고 외양간 고친 격이었다.

눈물을 머금고 공구를 (다운그레이드해서) 다시 구입한 남편은 쥐덫을 놓듯 그것들을 툇마루에 늘어둔 뒤, 동작 감지 메시지가 뜰 때마다 보안카메라 화면을 들여다봤다. 절도범들은 코빼기도 보이지 않았다. CCTV가 생긴 사실을 눈치챈 모양이었다. 한 번 턴 집은 절대 털지 않는다는 원칙 같은 것이 있었는지도 모른다.

화면 속에 매번 등장하는 건 동네 길고양이들이었다. 우리의 애타는 마음을 아는지 모르는지 녀석들은 어슬렁어슬렁 돌아다니거나 털을 고르고, 수돗가에 고인 물을 핥았다. 때로는 볼일이 급한지 텃밭을 향해 급하게 뛰어갔다가 누가 봐도 느긋해진 걸음으로 돌아오곤 했다. 그런 장면을 볼 때마다 허탈해지는 동시에 웃음이 나왔다. 집수리 지옥의 새드 엔딩이 너무 새드하지 않게 해준 존재들—치타, 대빵이, 까망이, 연치(연한 치즈), 찐치(찐한 치즈)—에게 고맙다는 인사를 하고 싶다.

 별채 수리를 시작하면 또다시 지옥 길에 들어설 것이다. 이 고생을 한 번 더 해야 한다니 엄두가 안 나기도 하고, 반대로 더 잘할 수 있을 것 같기도 하다. 꽤 해볼 만한 일임에는 분명하다. 온 힘을 다해 키운 아이를 보듯 집에 한층 각별한 애정을 갖게 된달까. 처음에는 아무것도 모른 채 뛰어들었지만, 이번에는 좀 더 기꺼이 그 지옥으로 향할 생각이다.

시골집, 이 좋은 걸 이제 알았다니

ⓒ 서주희, 2025

1판 1쇄 인쇄 2025년 10월 24일
1판 1쇄 발행 2025년 11월 5일

지은이 서주희
발행인 김지아
표지 및 본문 디자인 강수정

펴낸 곳 구픽
출판등록 2015년 7월 1일 제2015-27호
주소 서울시 광진구 동일로 459, 1102호
전화 02-491-0121
팩스 02-6919-1351
이메일 guzma@naver.com
홈페이지 www.gufic.co.kr

ISBN 979-11-93367-22-3 03810

※ 이 책은 구픽이 저자와의 계약에 따라 발행한 것이므로 본사의 서면 허락 없이는 어떠한 형태나 수단으로도 이 책의 내용을 이용하지 못합니다.
※ 책값은 뒤표지에 있습니다.